Inhaltsverzeichnis

Vorwort und methodische Hinweise

„Rund um Lyrik" möchte Schülerinnen und Schülern der Sekundarstufe I in erster Linie Spaß am Umgang mit Gedichten vermitteln. Dazu gehören neben einer sorgfältigen Gedichtauswahl, die den Interessen der Lernenden entgegenkommt, Aufgabenstellungen, die zu einer selbstständigen und oft kreativen Auseinandersetzung mit den Gedichten einladen. Da wir jedoch der Meinung sind, dass der Spaß an einer Sache mit dem Wissen über dieselbe zunimmt, werden auch theoretische Aspekte – verstanden als Werkzeug für die Analyse und Interpretation – nicht vernachlässigt.

„Rund um Lyrik" ist in sechs Abteilungen gegliedert:
I   Grundlagen/Das kleine Lyrik-Lexikon (erläutert Fachbegriffe anhand von Beispielen)
II   Gedichte in Gedichten
III Tiere einmal anders
IV Das Jahr
V   Liebe damals und heute
VI Augenblicke
Während Kapitel III die jüngeren und Kapitel V die etwas älteren Schülerinnen und Schüler anspricht, bieten die übrigen Abteilungen Gedichte für jedes Alter.

Aus den vielfältigen Methoden der Lyrikerschließung seien hier genannt
A) handlungs- und produktionsorientierte Methoden:
Vers- und Strophenordnung herstellen; unvollständige Gedichte ergänzen; Parallelgedichte schreiben; einen Tagebucheintrag, einen Brief, eine E-Mail, eine SMS zu einem Gedicht schreiben; ein Bild zu einem Gedicht malen; Gedichte spielen; Gedichte ausdrucksvoll vortragen; das Metrum mit Hilfe der Musik erfassen u. v. a. m.
B) analytische Methoden:
erste Eindrücke benennen und diskutieren; die Textaussage mit eigenen Worten wiedergeben; das Gedicht abschnittsweise erlesen; Textstellen erläutern; die sprachliche/typografische Gestaltung beschreiben; das Gedicht mit Hilfe von Zusatzinformationen erschließen; Gedichte vergleichen u. v. a. m.
Im Inhaltsverzeichnis konnten jeweils nur die wichtigsten Methoden ausgewiesen werden.

Die Kopiervorlagen in diesem Heft können sowohl einzeln eingesetzt als auch zu Unterrichtseinheiten kombiniert werden. Sie eignen sich zur Verwendung in Vertretungsstunden ebenso wie zum differenzierten Einsatz in der Klasse.

Das kleine Lyrik-Lexikon

Das kleine Lyrik-Lexikon fasst zusammen, was du für deine Arbeit mit Gedichten brauchst. Du willst zum Beispiel etwas zu der großen Familie der Reime wissen, zu den Taktarten oder zur Bildsprache des Gedichts? Im Lyrik-Lexikon erfährst du es!

Du kannst das Lyrik-Lexikon auf zwei Arten verwenden. Entweder du heftest es ab, dann kannst du es wie ein richtiges Lexikon durchblättern, oder du gestaltest ein Poster für deinen Klassenraum. Dafür musst du die vier Seiten nur zu einem großen Blatt zusammensetzen.

1. Thema und Motiv

Das **Thema** eines Gedichts umfasst einen großen inhaltlichen Bereich, zum Beispiel die *Liebe* oder die *Politik* oder die *Natur*.
Das **Motiv** ist dem Thema untergeordnet. Es beschreibt das Thema des Gedichts genauer.

THEMA: Liebe
Motiv: *Ehestreit* oder *Erste Liebe*

2. Lyrisches Ich, Sprecher

Anstelle eines Erzählers tritt in Gedichten ein **lyrisches Ich** oder ein **Sprecher** auf.

Das **lyrische Ich** spricht – wie der Name sagt – in der **Ich-Form.**
Aber Vorsicht: Du darfst das lyrische Ich nicht mit dem **Autor** verwechseln!

Ich fuhr zur See im Jahre 1510

Der **Sprecher** hingegen spricht nicht in der Ich-Form, er nimmt einen allgemeineren Standpunkt ein.

Fortsetzung auf Seite 7

Das kleine Lyrik-Lexikon

3. Vers, Strophe, Zeilensprung

Gedichte bestehen fast immer aus mehreren **Versen** (= Zeilen).
Sind die Verse gut erkennbar in einzelne Gruppen zusammengefasst,
so nennt man diese Versgruppen **Strophen**.

Heinrich Heine

Das Fräulein stand am Meere
Und seufzte lang und bang,
Es rührte sie so sehre
Der Sonnenuntergang.

Mein Fräulein! sein Sie munter,
Das ist ein altes Stück;
Hier vorne geht sie unter
Und kehrt von hinten zurück.

8 Verse
und
2 Strophen

Endet ein Satz oder ein Teilsatz nicht am Versende, so spricht man
von einem **Zeilensprung** (Enjambement):

Die Zeile springt

in die nächste hinüber.

4. Metrum, Takt

Als **Metrum** wird die regelmäßige Abfolge von **betonten** und **unbetonten Silben** bezeichnet.
Man verdeutlicht das Metrum, indem man über die betonten Silben einen **Akzent** (Betonungszeichen) setzt.
Die kleinste metrische Einheit (zwei oder drei Silben, von denen eine betont ist) nennt man **Versfuß** oder
Takt. Hier die wichtigsten **Taktarten** auf einen Blick.

x́ x das ist ein TROCHÄUS *Hat der alte Hexenmeister*

x́ x x das ist ein DAKTYLUS *Hast du die Katze von Müllers gesehn?*

x x́ das ist ein JAMBUS *Die Welle wieget unsern Kahn*

x x x́ das ist ein ANAPÄST *Und es blitzt aus den Augen ihm kühn*

7

Fortsetzung auf Seite 8

Das kleine Lyrik-Lexikon

5. Reime

Mit einem **Reimschema** kannst du die Anordnung von Reimen in einer Strophe beschreiben.
Um das Reimschema darzustellen, verwendet man kleine Buchstaben in alphabetischer Reihenfolge,
also: a a b b c c …
Dabei kennzeichnet man gleichlautende Reime immer mit dem gleichen Buchstaben.

Diesen Teil des Lexikons kannst du dir selbst zusammenstellen.
Ordne die Überschriften einfach den passenden Reimen und Bildern zu.
Schneide die einzelnen Teile dann aus und stelle sie auf einem neuen DIN-A4-Blatt zusammen.
Gib der Seite die Überschrift: **Reime.**

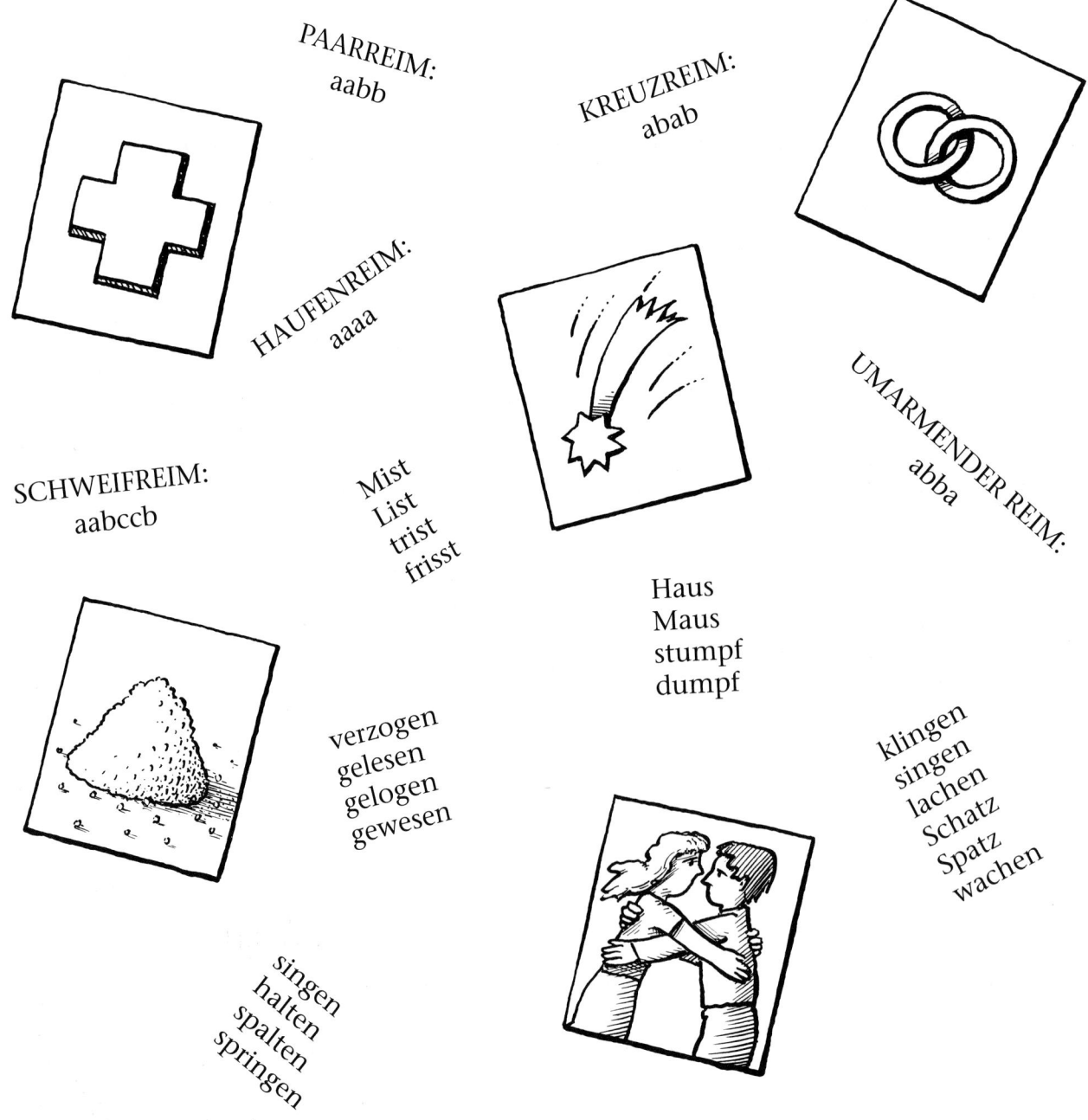

PAARREIM:
aabb

KREUZREIM:
abab

HAUFENREIM:
aaaa

UMARMENDER REIM:
abba

SCHWEIFREIM:
aabccb

Mist
List
trist
frisst

Haus
Maus
stumpf
dumpf

verzogen
gelesen
gelogen
gewesen

klingen
singen
lachen
Schatz
Spatz
wachen

singen
halten
spalten
springen

8

Fortsetzung auf Seite 9

Das kleine Lyrik-Lexikon

6. Vergleich, Metapher

Vergleiche dienen der Veranschaulichung. Du kannst sie häufig an den Vergleichswörtern *wie* und *als* erkennen.

Er kämpft **wie** ein Löwe.
Sie ist schöner **als** eine Rose.

Metaphern sind sprachliche Bilder, sie haben eine übertragene Bedeutung. Eine einfache Form der **Metapher** ist der verkürzte Vergleich. Dabei fehlen die Vergleichswörter.

Er ist der Löwe der Schlacht.   **Bedeutung:** Er ist der mutigste Kämpfer.
Sie ist die Rose unter den Frauen.   **Bedeutung:** Sie ist die Schönste unter den Frauen.

7. Personifizierung, Neologismus, Rhetorische Frage

Wenn Dinge und Gegenstände handeln wie Menschen, spricht man von einer **Personifizierung:**

Die Sonne zwickte ihn in die Nase.

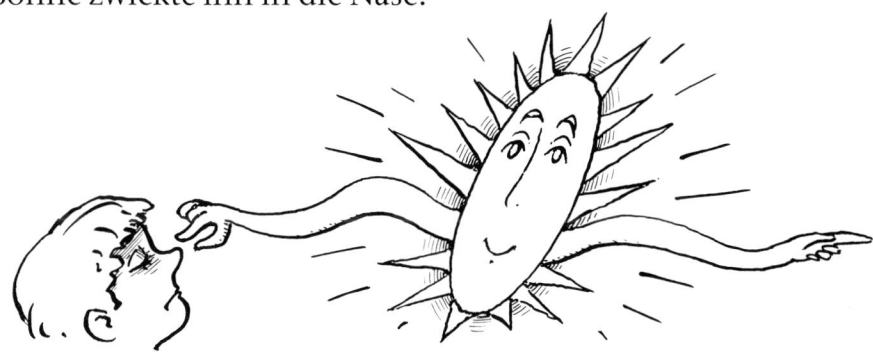

Neologismen sind Wortneuschöpfungen. Das können einfache Wortabwandlungen oder Worterweiterungen sein, aber auch richtige Wortungeheuer:

riesenschlangenlanges Wort

Habe ich meine Hausaufgaben gemacht?

Rhetorische Fragen werden nur zum Schein gestellt. Eine Antwort erwartet der Leser nicht.

Von Silbenzählern und Versevermessern

Beim Dichten kommt es zuerst auf die kleinste Einheit an: die Silbe. Damit ein gereimtes Gedicht nicht holpert, musst du in jedem Vers genau gleich viele Silben unterbringen. Da hilft nur eins: zählen!

Aufgaben

1. Prüfe, ob die folgenden Verse gut klingen.
   Wenn nicht, überprüfe die Silbenzahl in den einzelnen Versen.

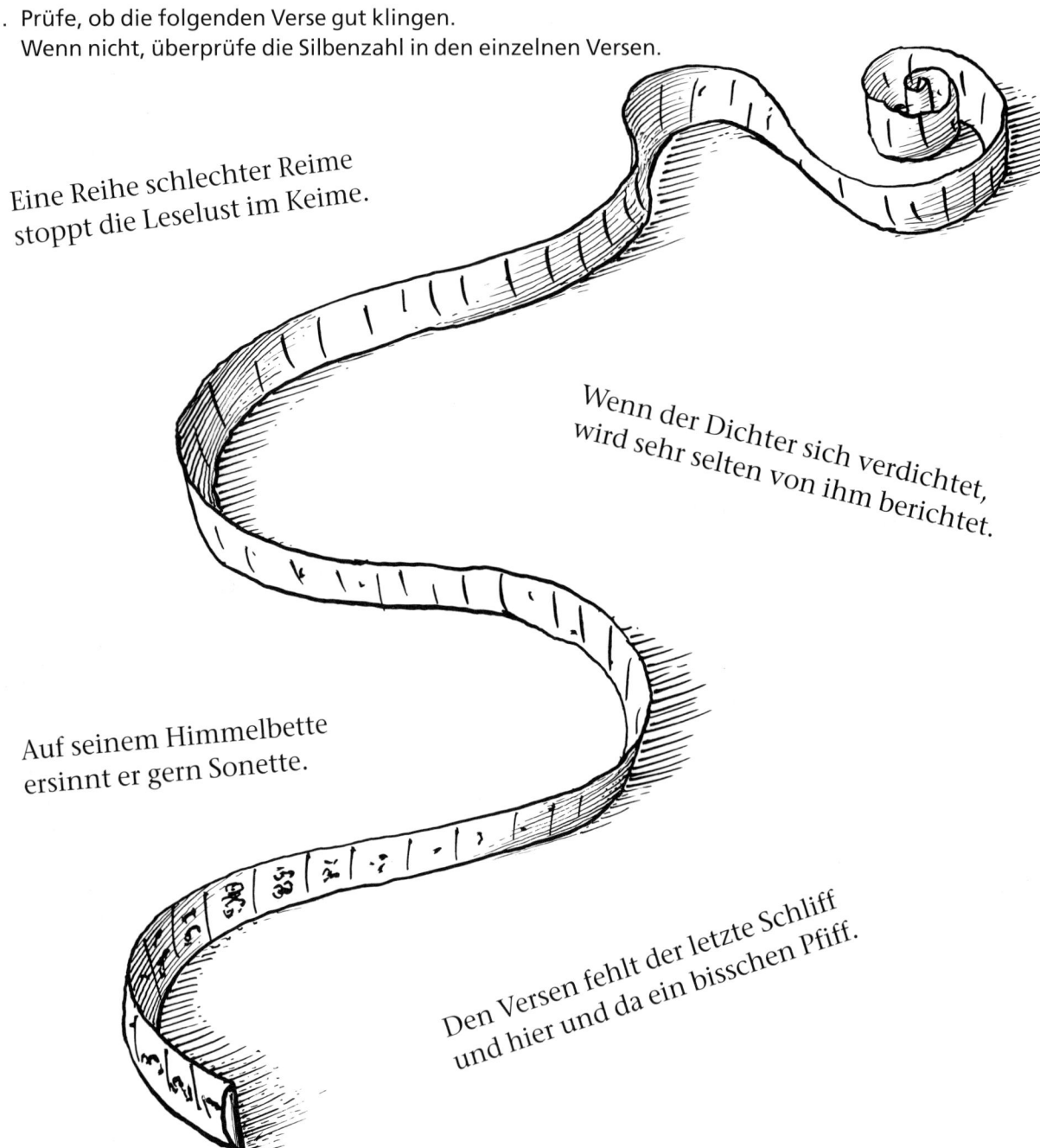

Eine Reihe schlechter Reime
stoppt die Leselust im Keime.

Wenn der Dichter sich verdichtet,
wird sehr selten von ihm berichtet.

Auf seinem Himmelbette
ersinnt er gern Sonette.

Den Versen fehlt der letzte Schliff
und hier und da ein bisschen Pfiff.

2. Setze nun die Betonungszeichen über die Zweizeiler.
   x́ steht für betont
   x steht für unbetont

Beispiel: x   x́   x x́ x x́   x   x́
          Dem Reimprofessor aus der Pfalz
            x́   x   x́ x x́ x   x́
          steckt ein Zweizeiler im Hals.

10

Fortsetzung auf Seite 11

Fortsetzung von Seite 10

x x́ Jambus
x́ x Trochäus
x́ x x Daktylus

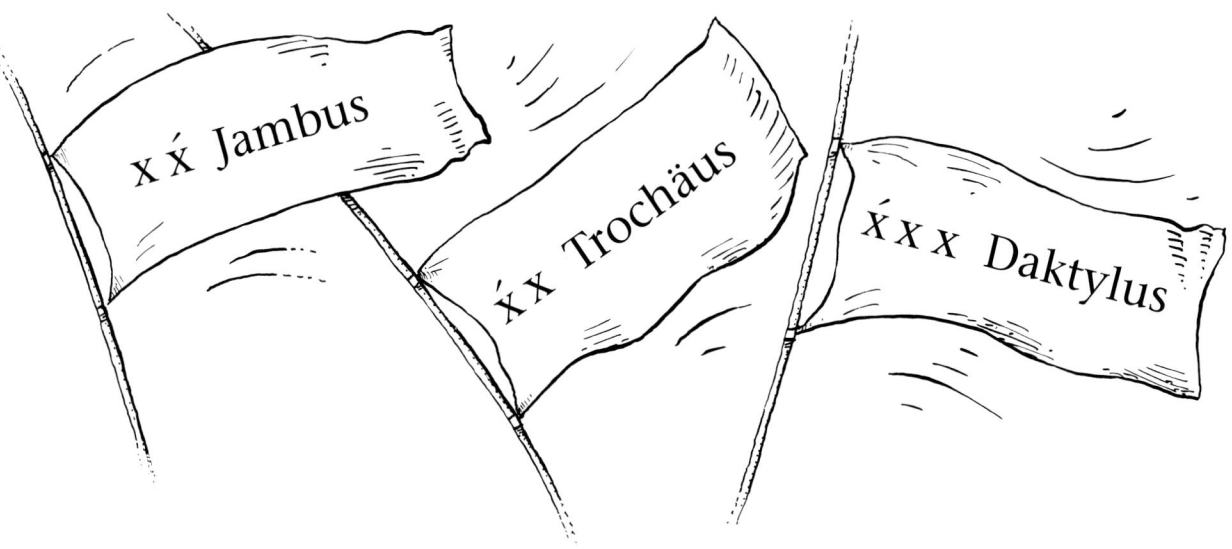

Aufgaben

3. Nicht nur Verse, auch einzelne Wörter haben ihren Takt. Zum Beispiel: Hítzefréi oder Lámpenfiéber. Schreibe die folgenden Wörter in die richtigen Taktkoffer:

Jambus
Trochäus
Daktylus

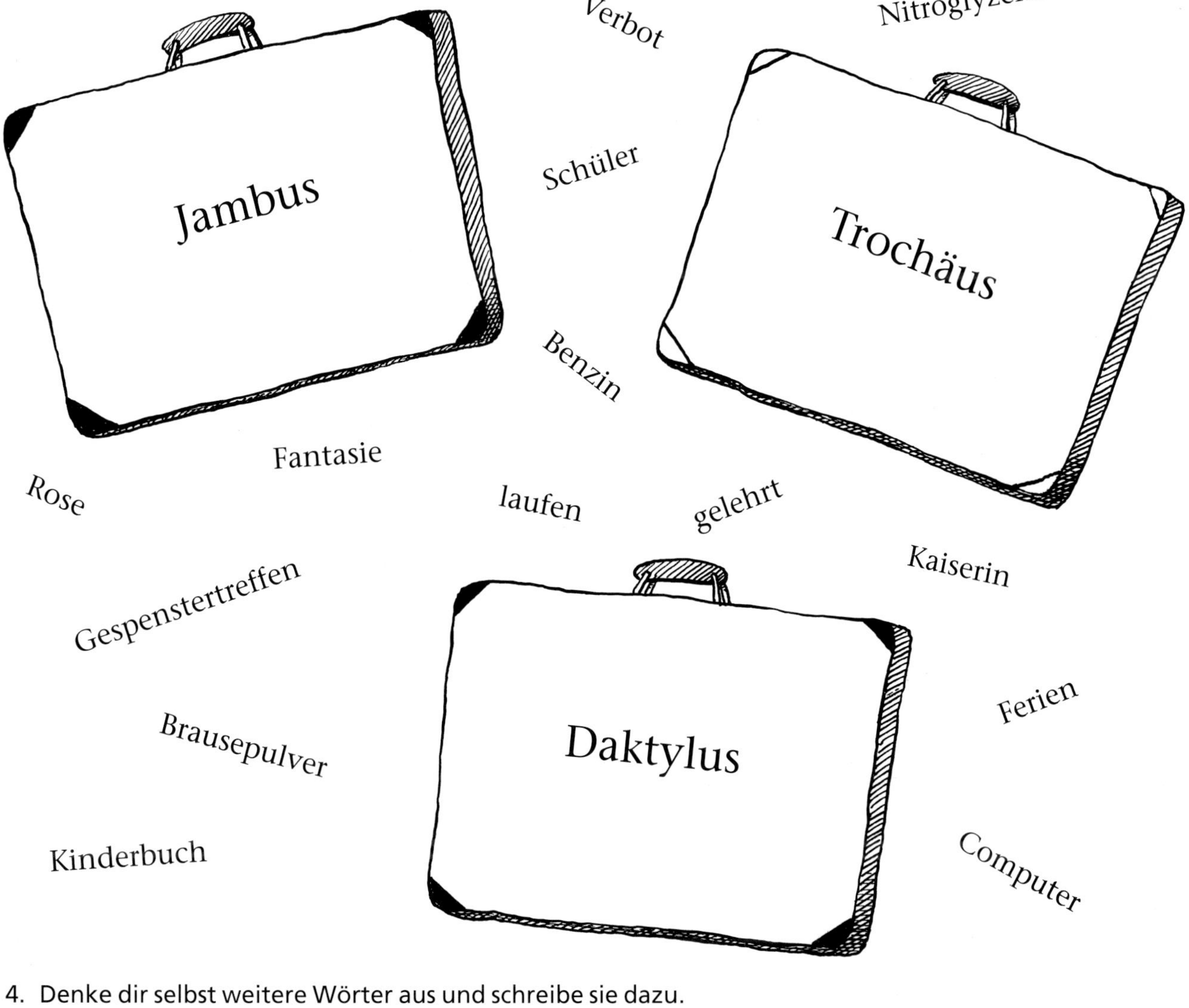

Verbot — Nitroglyzerin — Schüler — Benzin — Fantasie — Rose — laufen — gelehrt — Kaiserin — Gespenstertreffen — Brausepulver — Ferien — Kinderbuch — Computer

4. Denke dir selbst weitere Wörter aus und schreibe sie dazu.

Akzente setzen

Aufgabe

1. Setze die Akzente (Betonungszeichen). Jedes x steht für eine Silbe. Schreibe über die Akzente, ob es sich um einen Jambus, Trochäus oder Daktylus handelt.

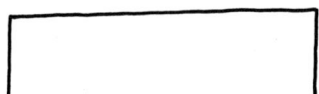
Jambus

Ein Mann, der sich Kolumbus nannt,   x x́ x x́ x x́ x x́

war in der Schifffahrt wohl bekannt …   x x́ x x́ x x́ x x́

Bunt sind schon die Wälder,   x x x x x

gelb die Stoppelfelder   x x x x x

und der Herbstwind weht …   x x x x

Sah ein Knab ein Röslein steh'n   x x x x x x x

Röslein auf der Heiden   x x x x x

Lobet und preiset ihr Völker den Herrn   x x x x x x x x x x

freuet euch seiner und dienet ihm gern   x x x x x x x x x x

My Bonny is over the ocean,   x x x x x x x x x

my Bonny is over the sea   x x x x x x x x

Der Cowboy Jim aus Texas,   x x x x x x

der tags auf seinem Pferd saß,   x x x x x x

hat einen Hut aus Stroh …   x x x x x

12

Der musikalische Wasserhahn

Es war ein-mal ein Was-ser-hahn, der tropf-te pau-sen-los und

je-der, der ihn hör-te, fand sein Trop-fen ganz fa-mos. Er

tropf-te nicht nur ein-fach so, wie's je-der Hahn ver-steht. Sein

Rhyth-mus war voll Swing und Pop und Mu-si-ka-li-tät.

5 Die Tas-sen app-lau-dier-ten und das Hand-tuch rief ent-zückt:
„Dein Rhyth-mus lie-ber Was-ser-hahn, klingt ja to-tal ver-rückt!"
Die Mes-ser und die Ga-beln tanz-ten quietsch-ver-gnügt um-her
und auch dem al-ten Sup-pen-topf ge-fiel der Rhyth-mus sehr.

Der Flö-ten-kes-sel tanz-te mit und pfiff die Me-lo-die.
10 Die Tel-ler klap-per-ten im Takt mit sehr viel Fan-ta-sie.
Die Töp-fe schep-per-ten im Schrank, die Glä-ser klirr-ten leis.
Der Ab-fall-ei-mer rülps-te laut und dreh-te sich im Kreis.

Da sprach die alte Küch-en-uhr, dass ihr der Takt ge-fällt,
und hat ihr Tick-en auf den Was-ser-rhyth-mus um-ge-stellt.
15 Auf ein-mal ging die Tü-re auf, der Klemp-ner kam he-rein,
der Was-ser-hahn wurd re-pa-riert und ließ das Trop-fen sein.

Klaus W. Hoffmann

Aufgaben

1. Setze in den letzten drei Strophen die Akzente (Betonungszeichen).

2. Zähle in den Versen die Versfüße (x x́) und zerlege jeden Vers in einen vierfüßigen und einen drei-
füßigen Jambus:
Die Tás-sen app-lau-diér-ten und
das Hánd-tuch rief ent-zückt:

3. Im Lied wird jeder Silbe eine Note zugeordnet. Sprecht, singt oder spielt den Liedtext und klatscht
oder klopft den Takt dazu.

Lyrikquiz

Lyrisches Ich			
A	Autor	E	Träumer
F	das Ich, das im Gedicht spricht	T	das Ich, das den Leser anspricht

Neologismus			
E	Wortneu-schöpfung	F	logische Wortfolge
G	Wortungeheuer	H	neue Wortfolge

Trochäus			
C	x x́ x x́ x x́	H	x́ x́ x́ x x́ x
L	x́ x x x́ x x	T	x x x́ x x x́

Akzent			
L	Wiederholung	J	Versende
R	Betonung	I	Stabreim

Kreuzreim			
A	a b b a	E	a a b b
U	a a a a	O	a b a b

Daktylus			
E	x́ x x́ x x́ x	H	x x́ x x́ x x́
K	x x x́ x x x́	F	x́ x x x́ x x

Metapher			
L	Wortwieder-holung	J	starke Über-treibung
I	Übertragung in ein Bild	K	Gleichklang von Vokalen

Endreim			
R	letztes Reimwort in einer Strophe	N	Gleichklang von Versenden vom letzten betonten Vokal ab
E	Anordnung der Reimwörter in einer Strophe	G	Gleichklang im Anlaut

Enjambement			
E	Der Satz endet nicht am Versende, er springt in die nächste Zeile.	U	Die Verse einer Strophe wechseln das Metrum.
L	Die Verse des Gedichtes sind nicht nach Strophen gegliedert.	T	Die Strophen haben eine unter-schiedliche Anzahl von Versen.

Aufgabe

1. Kreuze die richtige Antwort an.
   Wenn du die Lösungsbuchstaben in die richtige Reihenfolge bringst, erhältst du den Namen eines großen deutschen Lyrikers der Romantik. Zwei Buchstaben sind schon vorgegeben:

		C		D			

Gedichte über Gedichte

Gedicht

Ein Gedicht
Ich nehm den Bleistift, spitz ihn an,
setz ihn aufs Blatt und schreibe dann:
Gedicht
5 mehr nicht.

Ein Gedocht
Ich verfasste ein Gedocht.
Alle haben's sehr gemocht.
Keinen stört der Fehler sehr.
10 Jeder weiß: Dichten ist schwer.

Ein Gedacht
Einmal habe ich gedacht,
ich hätte ein Gedicht gemacht.
In diesem Fall gelang es nicht.
15 Ich hab nur ein Gedacht gemicht.

Ein Gedecht
Reimen kann ich auch nicht schlecht,
also schreib ich ein Gedecht.
Sicher wirkt der Reim erzwungen,
20 aber dafür ist's gelungen.

Ein Geducht
Ein Gedicht hab ich versucht,
doch wie ihr seht, gelang es nucht.
Statt eines „i" tippt ich ein „u",
25 so sag ich halt Geducht dazu.

Werner Färber

Unnützes Gedicht

In der ersten Zeile steht nicht viel drin,
die zweite Zeile gibt wenig Sinn,
die dritte ist irgendwie drangeleimt,
und die vierte steht nur da, damit es sich reimt.

Die fünfte ist eigentlich überflüssig,
die sechste zu lesen, ist vollkommen müßig,
die siebente Zeile ist auch kein Genuss.
Doch zum Glück: Nach der achten Zeile ist
Schluss!

Martin Auer

Aufgaben

1. Beschreibe, wie die Gedichte aufgebaut sind.

2. Formuliere nun selbst ein paar neue Zeilen.
   – Zu Werner Färbers „Gedicht" kannst du eine neue Strophe schreiben. Verwende statt der Vokale
     einfach einen Umlaut (ä, ü, ö) oder einen Zwielaut (ei, au, eu).
   – In Martin Auers „Unnützem Gedicht" musst du das Ende verschieben: „Doch zum Glück: Nach der
     zwölften Zeile ist Schluss!"

3. Trage die Gedichte mit den neuen Zeilen in der Klasse vor.

Nichts drin

jetzt ist es drei
bis vier will ich ein gedicht fertig haben
in einer stunde muss es doch möglich sein
ein gedicht zu schreiben
5 wenn man einmal so richtig in fahrt ist
es bedarf nur
eines einfalls
und dass man so richtig in fahrt kommt
überarbeiten kann man es dann immer noch
10 morgen oder in vierzehn tagen
oder vielleicht ist es ja auch sofort perfekt
so was soll es ja geben
beispiele gibt es da genug
um vier muss ich weg
15 da läuft dann nichts mehr
nur nicht nervös werden
gute einfälle kommen nicht
wie von selbst
nein man muss um sie kämpfen
20 in sich hineinhorchen
sie erwischen beim vorübergehen
mir ist doch immer noch was eingefallen
wenn ich wirklich wollte
ruhig junge ruhig
25 es wird schon werden
du kannst dich auf dich verlassen
wär ja gelacht
halb vier
nicht zu fassen
30 was
ist
denn
nur
los
35 mit
mir
nichts
drin

Axel Marquardt

Aufgaben

1. Erstelle für dieses Gedicht ein Bedeutungsgerüst. Schreibe dafür stichpunktartig die Gedanken untereinander, die du beim Lesen hast. Fasse sie anschließend in wenigen Sätzen zusammen.
2. Führt auf Grundlage des Gedichts eine Diskussion zu der Aussage: „Gedichte machen ist kinderleicht."
3. Verfasse dein eigenes Selbstgespräch in Gedichtform. Was geht dir durch den Kopf, wenn du z. B. eine schwere Mathematikaufgabe lösen, einen Hausaufsatz schreiben, eine Reaktionsgleichung für einen chemischen Vorgang erstellen oder Vokabeln und Grammatik in der Fremdsprache lernen musst …?

Eulenspiegelgedichte

Gedichte unterwegs

Wenn ein Gedicht in den Spiegel blickt,
schaut ein Gedicht zurück,
schaut ein Gedicht aus dem Spiegel zurück,
das in den Spiegel blickt.

5 Wenn ein Gedicht die Straße langgeht,
ist es stets auf der Hut.
Weil ihm der Nordwind voll Übermut

sonst die Wörter verweht.

Wenn ein Gedicht auf dem Trampolin springt,
10 übt es in einem fort,
bis ihm bei diesem Sport

endlich ein Salto gelingt.

Wenn ein Gedicht ein Nashorn erblickt,
läuft es rasch davon.
15 Diese Dickhäuter haben schon

manche Zeile zerdrückt.

Gerald Jatzek

Aufgaben

1. Beschreibe, was das Besondere an Gerald Jatzeks Gedicht ist.
   Tipp: Vielleicht hilft dir der Hinweis auf Eulenspiegel.

2. Schreibe nun selbst eine neue Strophe.
   Gestalte dazu auch eine letzte Zeile. Hier findest du ein Angebot. Das Gedicht
   - läuft vor Verzweiflung im Kreis,
   - schüttelt sich vor Lachen,
   - geht vor Wut an die Decke,
   - wird vom Wind aufgeblasen.
   Du kannst dir natürlich auch selbst neue Zeilen ausdenken.

17

Gedichtbehandlung

1. Notiere stichpunktartig, welche Erwartungen der Titel „Gedichtbehandlung" bei dir weckt.

Gedichtbehandlung

Heut haben wir ein Gedicht durchgenommen.
Zuerst hat's der Lehrer vorgelesen,
da ist es noch sehr schön gewesen.

Dann sind fünf Schüler drangekommen,
5 die mussten es auch alle lesen;
das war recht langweilig gewesen.

Dann mussten drei Schüler es nacherzählen –
für eine Note; sie hatten noch keine,
da verlor das Gedicht schon Arme und Beine.

10 Dann wurde es ganz auseinander genommen
und jeder Vers wurde einzeln besprochen.
Das hat dem Gedicht das Genick gebrochen.

„Warum tat der Dichter dies Wort wohl wählen?
Warum benutzte er jenes nicht?"
15 Und schließlich: „Was lehrt uns dieses Gedicht?"

Dann mussten wir in unsre Hefte eintragen:
Das Gedicht ist ab Montag aufzusagen.
Die ersten fünf kommen Montag dran.

Mich hat das zwar nicht weiter gestört;
20 ich hab das Gedicht so oft heut gehört,
dass ich es jetzt schon auswendig kann.

Aber viele machten lange Gesichter
und schimpften auf das Gedicht und den Dichter.
Dabei war das Gedicht zunächst doch sehr schön.

25 So haben wir oft schon Gedichte behandelt.
So haben wir oft schon Gedichte verschandelt.
So sollen wir lernen, sie zu verstehn.

Bernd Lunghard

2. Schreibe heraus, wie das Gedicht im Einzelnen „behandelt" wird und nimm dazu Stellung.

3. Was sind deine Erfahrungen bei der Gedichtbehandlung? Berichte von eigenen Erlebnissen.

4. Diskutiert, wie man ein Gedicht behandeln sollte. Tragt eure Ergebnisse zusammen.

Wenn die Möpse Schnäpse trinken

Wenn die Möpse Schnäpse Trinken,
Wenn vorm Spiegel Igel Stehn,
Wenn vor Föhren Bären Winken,
Wenn die Ochsen boxen Gehn,
Wenn im Schlafe Schafe Blöken,
Wenn im Tal ein Wal Erscheint,
Wenn in Wecken Schnecken Stecken,
Wenn die Meise leise Weint,
Wenn Giraffen Affen Fangen,
Wenn ein Mäuslein Läuslein Wiegt,
Wenn an Stangen Schlangen Hangen
Wenn der Biber Fieber Kriegt,

Dann _____

_____

James Krüss

Aufgaben

1. Lies das Gedicht. Schreibe dann auf die Zeilen einen passenden Schlusssatz.

2. Unterstreiche die Wörter, die sich innerhalb eines Verses reimen (Binnenreime). Welche anderen Reime erkennst du? Markiere sie.

3. Einzelne Verben werden in dem Gedicht großgeschrieben. Wo werden Wörter in einem Gedicht häufig großgeschrieben? – Wie könnte man die Verse einteilen, damit aus ihnen Strophen werden? Schreibe einige Strophen.

4. Schreibe noch ein paar lustige Strophen dazu.
   Hier einige Tiere, auf die du bestimmt Reimwörter findest: Hasen, Bienen, Hirsche, Dackel …

Schnurpsenzoologie

Im Urwald, Forschern unbekannt,
lebt fröhlich der K A M E L E F A N T.

Durch Wüstensand trabt mit Gewackel
ein seltnes Tier, der _____

5 Im bunten Federkleid ganz leis
meckert im Stall die _____

Mit viel Gequiek und viel Gewerkel
fliegt auf den Baum das _____

Es piekt im Bett mal dort, mal da
10 gestreift und platt das _____

Im Vogelkäfig riesengroß
singt das _____

Man zählt erstaunt die Beine sechse
(trotz Schwanz!) bei jeder A M E I D E C H S E.

15 Durchs Wasser schwimmt mit buntem Fittich
laut zwitschernd der _____

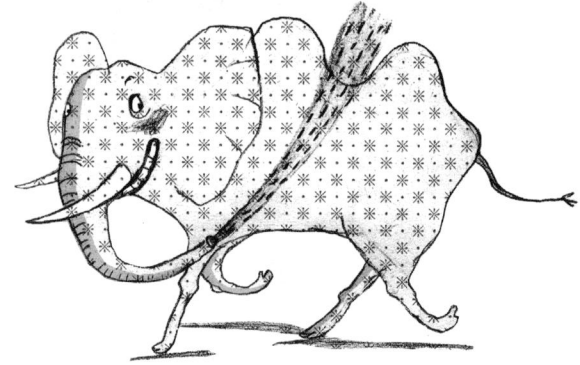

Besonders schmerzensreiche Bisse
verursacht uns die _____

Wohl weil er nackt ist, braucht er solch
20 ein Flügelpaar, der _____

Ein Tier mit Haus, das kriecht, nennst du,
wenn's plötzlich hüpft: _____

Es wiehert süß mit offenem Maul
bei Mondenschein der _____

25 Mit Hörnern krabbeln durch die Tropen
die _____

Zum Kämmen brauchst du einen Striegel
und Heldenmut beim _____

Sehr scheu, und ganz und gar kein Krieger,
30 lebt im Gebirg' der _____

Durchs Fenster, ohne aufzustehn,
kann der G I R A F F E N P I N S C H E R sehn.

Es schlängelt sich, im Maul ein Körnchen,
den Baum hinauf das _____

35 Du meinst, es gibt kein einz'ges Tier
von allen, die ich nannte hier?
Sei doch so gut und mal sie mir,
dann gibt es sie – auf dem Papier.
Michael Ende

Aufgaben

1. Beschreibe den Kamelefanten, die Ameidechse und den Giraffenpinscher anhand ihrer wichtigsten Merkmale. Zum Beispiel: *„Der Kamelefant hat zwei Höcker, große Ohren …"* Erkläre dann, wie die neuen Wörter gebildet worden sind.
2. In den meisten Strophen sind die Namen der beschriebenen Tiere weggelassen.
   a) Lies diese Strophen und überlege, welche Informationen sie über das Tier enthalten.
   b) Versucht zu zweit, die fehlenden Tiere zu finden. Dabei soll euch folgende Auswahl an Tieren helfen: *Eichhörnchen, Wanze, Kanarienvogel, Rhinozeros, Tiger, Igel, Zebra, Forelle, Wellensittich, Blindschleiche, Maikäfer, Schnecke, Känguru, Murmeltier, Fledermaus, Molch, Ferkel, Gaul, Krokodil, Nachtigall, Papagei, Dromedar, Geis, Hornisse, Dackel.*
3. Zeichne einige der neuen Tiere.

20

Das Pflaumenhuhn

1) In Pleischte lebte einst ein Huhn,
   Das Ärgernis erregte,
   Weil es (was Hühner sonst nicht tun)
   Statt Eier Pflaumen legte.

2) Es gackerte und legte froh
   Die Pflaumen rot und dicklich.
   Doch schien den Dorfbewohnern so
   Ein Pflaumenhuhn nicht schicklich.

3) Sogar die Bäurin fand es dumm
   Und briet bei großen Feiern
   Verdrießlich und mit viel Gebrumm
   Rührpflaumen statt Rühreiern.

4) Der Bauer sagte rundheraus,
   Sehr unbekömmlich schmeckten
   Gekochte Pflaumen, die, o Graus!
   Im Eierbecher steckten.

5) Und kurz und gut und jedenfalls
   Und ganz im allgemeinen
   Das arme Pflaumenhuhn fand, als
   Es Freunde brauchte, keinen.

6) Die Köchin, die in ihrem Sinn,
   Was sie nicht kennt, verachtet,
   Die hat mit einem Dolch aus Zinn

   _____

7) In Plauschte stand ein Pflaumenbaum
   An einem alten Weiher,
   Der trug (ich wag's zu sagen kaum),

   _____

Sie waren frisch und weiß und groß

Doch reiften herbstlich ringsherum

In tiefe Gelbei-Pfützen.

Und hingen an den Ästen.

Die Äpfel, Birnen, Feigen,

Sie fielen Mädchen auf den Kopf

Dann fielen, plim, dann fielen, plum

Im Plauschter Land die besten.

Und Buben auf die Mützen.

Die Eier von den Zweigen.

Und oft schon trat ein dummer Tropf

Die Eier waren zweifellos

Peter Hacks R

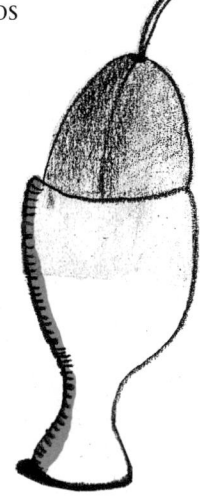

Aufgaben

1. Lest das Gedicht bis zur sechsten Strophe und ergänzt die letzte Zeile. Vergleicht eure Lösungen.

2. Erkläre, warum die Köchin so gehandelt hat. Unterstreiche zuvor im Gedicht mögliche Gründe.

3. Lies die siebte Strophe und ergänze die letzte Zeile.

4. Schreibe eine kleine Geschichte darüber, wie es dem Baum wohl ergeht.

5. Setze nun aus den Versen rechts die folgenden drei Strophen zusammen. Achte dabei auf das Reimschema und auf eine logische Abfolge der Verse und Strophen.
   Lass dir von deiner Lehrerin oder deinem Lehrer die Lösung geben und vergleiche deine Strophen mit dem Original. Lies die restlichen vier Strophen.

6. Male das Pflaumenhuhn und den Eierbaum.

Irrtümer

Eine _____ Katze,

Eine _____ Maus

Treffen sich am Antonplatze

Und erkennen sich durchaus.

5   Und die Maus will sich verstecken,

Und dann sagt sie: Keine Not,

Nie sah ich das Maul sich lecken

Eine Katze _____.

Und die Katze nahet leise,

10   Bleckt[1] den Zahn und steilt den Bart,

Bis sie ihrer Mittagsspeise

Sonderbares Fell gewahrt.

Und sie läßt die Maus am Leben,

Wiederum auf Grund des _____,

15   Und sie spricht: Das kanns nicht geben,

Eine _____ Maus.

Und sie wandeln von dem Platze

Ohne Zwischenfall nach Haus,

Rechts, nach Weißensee, die Katze,

20   Links, nach Lichtenberg, die Maus.

Peter Hacks   Ⓡ

1 blecken: zeigen

Aufgaben

1. Lies das Gedicht. Achte dabei zunächst nicht auf die Lücken.

2. Die Katze verschont die Maus, die Maus hat keine Angst vor der Katze. Was ist da los? Welche Wörter müssen eingesetzt werden, damit das Verhalten der beiden Tiere verständlich wird? Entscheide: *weiße, himmelblaue, winzig kleine, Graus, riesengroße, rosarote, mausetot, schwarz gefleckte, grau gestreifte, Blaus, rosenrot, himmelblaue.*

3. Am Abend erzählen die beiden Tiere ihrer jeweiligen Familie von dem sonderbaren Erlebnis. Schreibe die Geschichte entweder aus Sicht der Katze oder aus Sicht der Maus.

Lyrik im Dreivierteltakt – Der törichte Star

Ich habe zu Haus einen richtigen Star.
Du hast keine Ahnung, wie töricht der war:
Er hat voll Erstaunen auf Trinchen geschaut.
Sie hat nämlich Häuser aus Klötzchen gebaut.
5 Es hat ihn erstaunt und gewundert. Ganz klar:
Wir haben ja viel mehr Verstand als ein Star.
Ihr habt das wohl selber schon einmal erkannt:
Sie haben als Stare halt Starenverstand.
Sie haben (und damit erklär ich es mir),
10 Sie haben halt kleinere Köpfe als wir.

James Krüss

Aufgaben

1. Sprecht das Gedicht im so genannten Leierton.

	ha-		Haus		rich-		Star.
Ich	be	zu	ei-	nen	ti-	gen	

	hast		Ah-		tö-		war.
Du	kein-	ne	nung,	wie	richt	der	

2. Lest nun die Verse im Dreivierteltakt und klatscht oder klopft den Takt dazu.

3. Wie heißt dieses Taktschema in der Lyrik: x x́ x x x́ x x x́?
In der Musik wird es als Dreiviertel- oder Walzertakt bezeichnet.

Start einer Grille

Auf der Straße, in einer Rille,
zirpt eine Grille;
und drüberher
braust der Verkehr.

5 Es wälzen sich Reifen
und Reifen
mit Zischen und Pfeifen
über die Rille
und greifen
10 nach der Grille.

Dann ist Stille.

Ist sie tot?
Die Ampel zeigt rot.
Die Grille will springen.

15 Wird es gelingen?
Da tappen
und klappen
wie in gieriger Meute
die Sohlen der Leute
20 über die Rille.
Und die Grille?

Wartet auf Grün.
Dann – ganz kühn –
schnellt sie hervor
25 und empor –

sie erreicht
federleicht
gerade noch, ehe die Reifen
nach ihr greifen,
30 einen parkenden Wagen.

Hans Adolf Halbey

Aufgaben

1. Beschreibe die Straßenüberquerung noch einmal aus der Sicht der Grille in der Ich-Form.

2. Das Gedicht ist ziemlich spannend. In Zeile 10 stockt einem fast der Atem. Beschreibe, wie das Gedicht Spannung erzeugt. Achte dabei auch auf die Strophengestaltung und die Reime.

3. Auch noch andere Tiere wollen die Straße überqueren, z. B. *ein Regenwurm, eine Schnecke* oder *eine Ameise.* Wähle ein Tier aus und verfasse ein ähnliches Gedicht.

4. Es findet eine Gerichtsverhandlung statt. Die Tiere klagen den Menschen an.
   a) Entwirf die abschließende Rede des Anklägers oder des Verteidigers.
      Halte die Rede vor der Klasse.
   b) In einer regionalen Tageszeitung wird unter der Rubrik „Tiere klagen an" über den Prozess berichtet.
      Schreibe den Bericht.

Der verschleppte Regenwurm

Irmela Bender
Der verschleppte Regenwurm

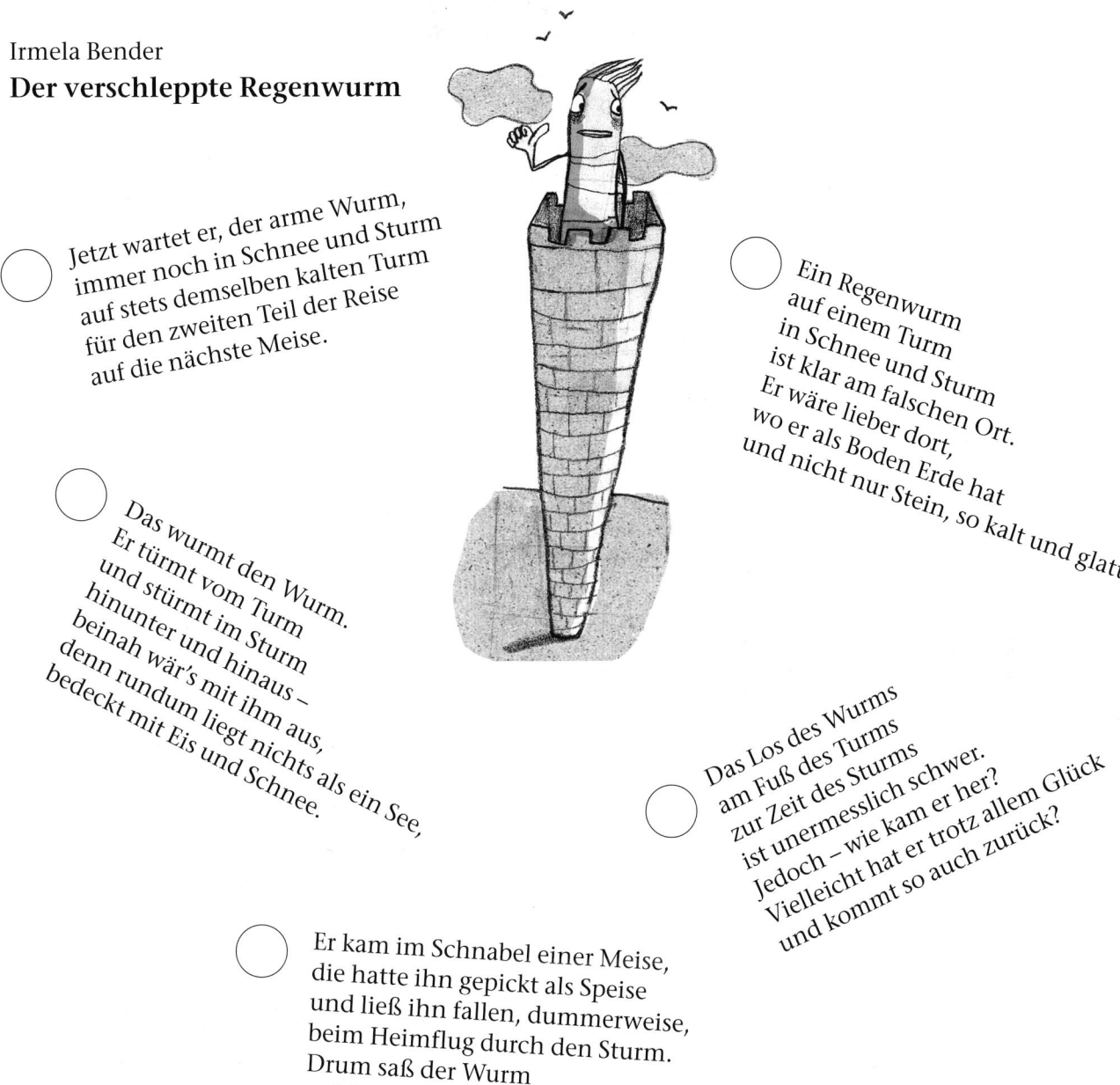

Jetzt wartet er, der arme Wurm,
immer noch in Schnee und Sturm
auf stets demselben kalten Turm
für den zweiten Teil der Reise
auf die nächste Meise.

Ein Regenwurm
auf einem Turm
in Schnee und Sturm
ist klar am falschen Ort.
Er wäre lieber dort,
wo er als Boden Erde hat
und nicht nur Stein, so kalt und glatt.

Das wurmt den Wurm.
Er türmt vom Turm
und stürmt im Sturm
hinunter und hinaus –
beinah wär's mit ihm aus,
denn rundum liegt nichts als ein See,
bedeckt mit Eis und Schnee.

Das Los des Wurms
am Fuß des Turms
zur Zeit des Sturms
ist unermesslich schwer.
Jedoch – wie kam er her?
Vielleicht hat er trotz allem Glück
und kommt so auch zurück?

Er kam im Schnabel einer Meise,
die hatte ihn gepickt als Speise
und ließ ihn fallen, dummerweise,
beim Heimflug durch den Sturm.
Drum saß der Wurm
auf diesem Turm.

Aufgaben

1. Hier sind die Strophen durcheinander geraten. Finde die richtige Reihenfolge und schreibe die entsprechenden Ziffern in die Kreise.

2. Der Wurm „ist klar am falschen Ort". Denke dir weitere Orte aus, an die ein bestimmtes Tier nicht hingehört. Wie wär's zum Beispiel mit einem „Dino im Kino"?

3. Überlege dir, wie dein Tier an diesen unpassenden Ort gekommen ist, und verfasse dazu ein Gedicht.

4. Du kannst dein Gedicht auch als Bildergeschichte zeichnen.

Das Arche-Noah-ABC

James Krüss
Das Arche-Noah-ABC

Keck ging's weiter: Känguru,
Krokodil und Kakadu,
Kuh, Kamel und Katze,
Lama, Lurch und Leguan,
Laubfrosch, Luchs und Löwenmann
(Vorsicht: scharfe Pratze!).

Munter füllte er dann aus:
Marder, Murmeltier und Maus,
Marabu und Meise,
Nashorn, Natter, Nilpferd, Nerz.
(Und beim Nerz schrieb er zum Scherz:
Fell bringt gute Preise.)

Quesal schrieb er bei dem Q.
Und dann kam das R dazu:
Rebhuhn, Reh und Rappe,
Raupe, Rabe, Reiher, Ross,
Reblaus und Rhinozeros,
Rind und Rasseltrappe.

Affe, Ammer, Alk und Aal,
Adler aus dem Zugspitztal,
Biber, Bär und Boa,
Brillenschlange (welch ein Graus),
Chinalaus, Chinchillamaus,
so notierte Noah.

Heiter schrieb er weiter: Hund,
Häher, Hirsch und Hase und
Hamster und Hyäne,
Igel (Vorsicht: Stachelhaar!),
Junikäfer, Jaguar
(Vorsicht: spitze Zähne!).

Dachs und Drossel, schrieb er forsch,
Drache, Dromedar und Dorsch,
Eber, Eule, Erdschwein.
Und danach trug seine Hand
Esel, Elch und Elefant
Ebenfalls gelehrt ein.

Weiter schrieb er ebenfalls:
Wiedehopf und Wendehals,
Wolf und Weinbergschnecke,
Xiphias (als Schwertfisch-Art),
Yak (als Rind Tibeter Art),
Zebra, Ziege, Zecke.

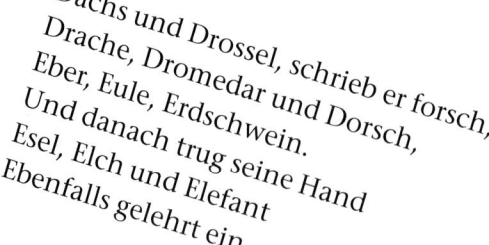

26

Fortsetzung auf Seite 27

Fortsetzung von Seite 26

Das Arche-Noah-ABC

Als die Arche war gebaut,
hat sich Noah angeschaut,
welche Tiere kamen.
Auf ein langes Zedernbrett
schrieb er dann von A bis Zett
alle ihre Namen:

Fuchs und Fliege, schrieb er froh,
Flunder, Faultier, Frosch und Floh,
Geier und Giraffe,
Gemse, Gans und Goldfasan.
Beim Gorilla schrieb er dann
noch in Klammern: Affe.

Ordentlich von A bis Zett
stand nun auf dem Zedernbrett
jedes Tier, ihr Leute.
Reimend hab ich mich gequält
und euch viele aufgezählt.
Nun ist Schluss für heute.

Seht, bald war das Werk getan:
Steinbock, schrieb er, Strauß und Schwan,
Storch und Sumpfblatt-Pieper,
Tiger, Taube und Tapir,
Tempelmaus und Trampeltier,
Uhu, Ur und Viper.

Orang-Utan, Ortolan,
Ochs und Otter, schrieb er dann.
Und er schrieb desgleichen:
Panther, Pferd und Pavian,
Perlenhuhn und Pelikan,
Pfau und Papageichen.

Aufgaben

1. Schneide die Strophen und Bilder aus. Bringe sie in die richtige Reihenfolge.

2. Gestalte eine Collage zu dem Gedicht.

3. Ergänze in den Strophen noch einige Tiere mit den passenden Anfangsbuchstaben.

4. Tragt das Gedicht in der Klasse vor.
   Tipp: Jeder übernimmt einen Buchstaben.

27

Auf dem Land

rininininininininDER
brüllüllüllüllüllüllüllEN

schweineineineineineineineinE
grununununununununZEN

5 hunununununununununDE
bellellellellellellellellEN

katatatatatatatatZEN
miauiauiauiauiauiauiauEN

katatatatatatatatZEN
10 schnurrurrurrurrurrurrurrurrEN

gänänänänänänänSE
schnattattattattattattattattERN

ziegiegiegiegiegiegiegEN
meckeckeckeckeckeckeckeckERN

15 bienienienienienienienEN
summummummummummummummEN

grillillillillillillillillEN
ziririririririririrPEN

fröschöschöschöschöschöschöschE
20 quakakakakakakakakEN

hummummummummummummummmELN
brummummummummummummummmEN

vögögögögögögögögEL
zwitschitschitschitschitschitschitschERN

Ernst Jandl

Aufgaben

1. Ergänze weitere Strophen.

2. Übe das Gedicht flüssig vorzutragen.

3. Auf dem Lande hört man die Tiere oft gleichzeitig. Entwickelt in Gruppen eine kleine Partitur.
   Entscheidet, welche Tiere gleichzeitig „zu Wort kommen" und welche alleine „sprechen".

4. Versucht nun euren Text gemeinsam vorzutragen.
   Tipp: Ihr könnt die Stimmen der Tiere auch auf Kassette aufnehmen, um entscheiden
   zu können, ob ihr etwas verbessern solltet.

Zwei Ameisen aus Hamburg

Joachim Ringelnatz
Die Ameisen

Bei Altona auf der Chaussee,

dann auf den letzten Teil der Reise.

die wollten nach Australien reisen.

und da verzichteten sie weise,

da taten ihnen die Beine weh,

In Hamburg lebten zwei Ameisen,

Aufgaben

1. In dem Ameisen-Gedicht von Ringelnatz sind die Verse durcheinander geraten.
   Ordne sie und schreibe sie in der richtigen Reihenfolge in dein Heft.

2. Gestalte einen neuen Schluss für das Gedicht.
   Tipp: Die Ameisen setzen ihre beschwerliche Reise fort.

3. Illustriere dein Gedicht.

29

Von Möpsen und Gänsen

Ernst Jandl
ottos mops

ottos mops hopst fort

otto: soso

ottos mops trotzt

otto holt obst

otto: fort mops fort

otto hofft

otto: mops mops

ottos mops klopft

otto holt koks

ottos mops kotzt

otto horcht

otto: komm mops komm

ottos mops kommt

otto: ogottogott

ottos mops kommt

Aufgaben

1. Fünf Mal redet Otto seinen Mops direkt an.
   Verdeutliche dies, indem du in den entsprechenden Versen die Anführungszeichen setzt.

2. Überlegt zu zweit, worum es in der Geschichte gehen könnte.
   Kreuzt mehrere Antworten an:

   ☐ um Herrn und Hund
   ☐ um nichts als Unsinn
   ☐ um Gehorsam und Gehorsamsverweigerung
   ☐ um Tierliebe
   ☐ um ein Spiel mit Vokalen

3. Schneide die Verse nun aus und stelle sie so zusammen, dass sich eine Geschichte ergibt.
   Tipp: Es gibt verschiedene Möglichkeiten.

4. Erzähle die Handlung des Gedichts mit eigenen Worten nach.

5. Schreibe nun selbst ein Gedicht nach dem Vorbild von Ottos Mops.
   Hier ein Beispiel von einer Schülerin:

   Hannas Gans

   Hanna war schlank.
   Hanna war rank.
   Hanna sah Hans.
   Hanna sang, Hanna tanzt,
   Hans dankt.
   Hannas Gans fand Hans am Schrank.
   Hannas Gans mag Hans.
   Hans hasst Hannas Gans!
   Hannas Gans nahm Maß!
   Hanna sagt lass das
   Hannas Gans fraß Hannas Hans!
   Hannas Gans schmatzt …

Tiere und ihre Besonderheiten

Der Maulwurf

Der Maulwurf, schwärzer als die Nacht,
ist wie aus lauter Samt gemacht.
In dunkler Erde ist sein Reich.
Wie's droben ausschaut, ist ihm gleich.

Der Dachs

Der Dachs hat Streifen im Gesicht.
Den argen Winter mag er nicht.
Im März schaut er aus seinem Loch
und grunzt: „Jetzt kommt der Frühling doch!"

Das Eichhörnchen

Wer solch ein Haus wie ich besitzt,
wer keck im Tannenwipfel sitzt,
sieht überm Wald die Wolken gut
und schaut dem Förster auf den Hut.

Der Elefant

Der Elefant, grau wie ein Stein,
hat Zähne, ganz aus Elfenbein.
Wie ein Gebirg geht er herum.
Zehn Männer werfen ihn nicht um.

Josef Guggenmos

Aufgaben

1. Alle vier Gedichte haben dasselbe Reimschema. Welches?

2. Notiere alle Informationen, die du zu den einzelnen Tieren erhältst.

3. Im Eichhörnchen-Gedicht spricht das Eichhörnchen selbst.
   Schreibe auch die anderen drei Texte so um, dass ein lyrisches Ich spricht:
   Ich habe Streifen im Gesicht …

4. Sammle auch zu anderen Tieren Informationen.
   Lege dazu eine Gedankensammlung an, z. B. so:

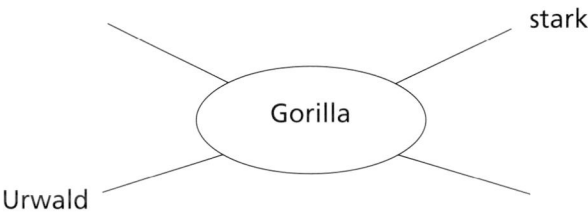

   Verfasse nun selbst ein vierzeiliges Tiergedicht.
   Verwende dafür deine Informationen.

5. Trage dein Gedicht in der Klasse vor.

Im Zirkus

Zirkus

Zirkus – wenn die Lichter strahlen,
wenn die Leuchtreklamen prahlen.

Zirkus – wenn die Zelte singen,
wenn dressierte Tiger springen.

Zirkus – wenn Hanswürste lachen,
wenn sie lauter Dummheit machen.

Zirkus – wenn die Pferde jagen,
wenn sie Federbüsche tragen.

Zirkus – wenn die Wagen rollen,
wenn wir gerne mitziehn wollen.

Bruno Horst Bull

Aufgaben

1. Das Zirkusgedicht folgt einem bestimmten Takt.
   Setze die Betonungszeichen über alle fünf Strophen.

   Zir - kus – wenn die Lich - ter strah - len,   x́ x x́ x x́ x x́ x
   wenn die Leucht - re - kla - men prah - len.   x́ x x́ x x́ x x́ x

2. Wie nennt man dieses Taktschema?
   In der Musik wird dieser Takt als Zwei- oder Vierviertektakt bezeichnet.

3. Man kann die Verse auch singen oder auf einem Instrument spielen und den Takt dazu schlagen.
   Du musst dafür die Silben unterschiedlich betonen: **1** – 2 / **1** – 2 / **1** – 2 usw.

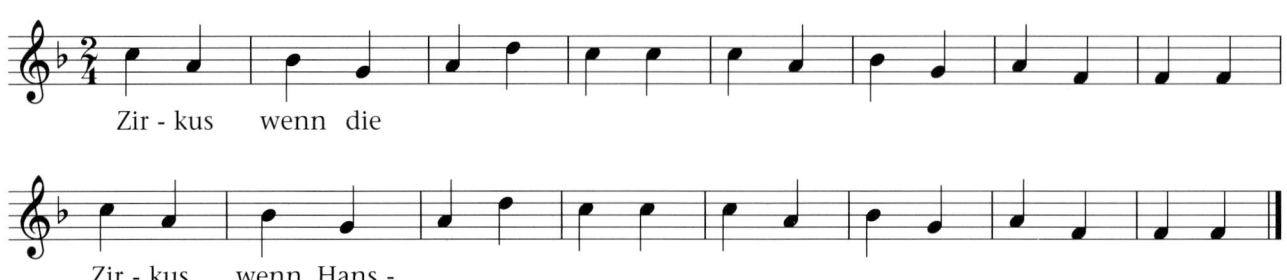

Ordne die Verse im Zweiertakt der Melodie zu.

Frühlingsgedichte vortragen

Um ein Gedicht gut vorzutragen, musst du es mehrmals ganz genau lesen. Nur so findest du heraus, wo du eine Pause setzen willst und welche Wörter du betonen möchtest. Dabei kommt es gleichermaßen auf den Inhalt und auf den guten Klang an, denn du betonst natürlich nur die Wörter, die dir auch besonders wichtig sind.
Für den Vortrag kannst du dir die Regieanweisungen über das Gedicht schreiben.

Pausenzeichen:

kurze Pause am Ende eines Sinnabschnitts   /

längere Pause, die einem neuen Gedanken vorangeht   //

keine Pause, nahtloses Weiterlesen über das Versende hinaus (Enjambement)   ↲

Betonungszeichen:

Betonung wichtiger Wörter   ——

besonders kräftige Betonung der wichtigsten Wörter   ═══

Steigen der Stimme beim Spannungsaufbau   ↑

Fallen der Stimme am Satzschluss   ↓

langsames Sprechen   ←

schnelles Sprechen   →

leises/lautes Sprechen   ○ ●

TIPP: Du musst natürlich nicht alle Zeichen in einem Gedicht unterbringen.

Er ist's

Frühling lässt sein blaues Band ↲
Wieder flattern durch die Lüfte; ↓/
Süße | wohlbekannte Düfte ↲
Streifen ahnungsvoll das Land. ↓/
○ Veilchen träumen schon, /
    Wollen balde kommen, ↓//
    – <u>Horch</u>, | von fern ein leiser Harfenton! ↓
● <u>Frühling</u>, ja <u>du</u> bist's! ↓
    <u>Dich</u> hab ich vernommen. ↓

Eduard Mörike

Aufgabe

1. Trage das Gedicht unter Berücksichtigung der Regieanweisungen vor.

Fortsetzung auf Seite 34

Fortsetzung von Seite 33

Frühlingsglaube

Die linden Lüfte sind erwacht,
Sie säuseln und weben Tag und Nacht.
Sie schaffen an allen Enden.
O frischer Duft, o neuer Klang!
5 Nun, armes Herze, sei nicht bang!
Nun muss sich alles, alles wenden.

Die Welt wird schöner mit jedem Tag,
Man weiß nicht, was noch werden mag.
Das Blühen will nicht enden.
10 Es blüht das fernste, tiefste Tal:
Nun, armes Herz, vergiss der Qual!
Nun muss sich alles, alles wenden.

Ludwig Uhland

Frühling

Und der Frühling, das Kind, war noch zart, war noch zag
und wagte sich dennoch hervor,
und ein harter, erbitterter Hagelschlag
fuhr bös in den zärtlichen Frühlingstag,
weil der Winter die Krone verlor.

Doch der Frühling, das Kind, das die Sonne geküsst,
fing die Schloßen[1] in offener Hand.
Da leuchtete, über den Himmel gehißt,
ein Regenbogen ins Land.

Louis Fürnberg   Ⓡ

1 Schloßen: Hagelkörner

Was der Frühling alles machen muss

Das Gras aus der Erde ziehn
und hübsch grün streichen
die Schatten schwärzen
das Eis aufweichen

5 Alle Schlangen häuten
die Wiesen striegeln
die nackten Bäume kleiden
den Käfern die Flügel bügeln

Den Vöglein die Noten halten
10 und zählen die Hollerdolden
die Nachsitzer auslachen
die Dächer vergolden

Dem Wald die Farben mischen
die Kinder aus den Betten jagen
15 dem Obst Kerne geben
Wärme in alle Winkel tragen

Den Bienen die Blüten süßen
den Garten betaun
die Larven im Boden wecken
20 die Kätzchen kraun

František Halas
(Nachdichtung von Franz Fühmann)

Aufgaben

2. Setze in einem Gedicht die Regieanweisungen.

3. Trage das Gedicht vor.

34

2 x Frühling

Gedichte sind selten nach der ersten Niederschrift fertig. Sie werden solange überarbeitet, bis die Autorin oder der Autor zufrieden ist. Hält man die verschiedenen Fassungen eines Gedichts nebeneinander, kann man erkennen, worauf es dem Autor oder der Autorin besonders ankommt.

Vorfrühling
(Erstfassung)

Am Waldrand äst ein Reh.
Auf Rain und Ackerrille
[und wohl ums arme Herz auch]
liegt noch ein wenig Schnee.
Doch drüber träumt ein goldner Hauch
und in die süße Stille
blüht feierlich ein Schlehdornstrauch.

Josef Weinheber

Vorfrühling
(Endfassung)

Die Hänge streift ein goldner Hauch
und in die süße Stille
blüht feierlich ein Schlehdornstrauch.
Am Waldrand äst ein Reh.
In Spalt und Ackerrille,
und wohl im armen Herzen auch,
liegt noch ein wenig Schnee.

Josef Weinheber

Aufgaben

1. Vergleiche die beiden Fassungen von Josef Weinhebers „Vorfrühling".
   Ordne den Fassungen die folgenden Aussagen zu.
   Schreibe 1 für die Erstfassung und 2 für die Endfassung in die Kästchen.

   ☐ Das Gedicht blickt zurück.
   ☐ Das Gedicht blickt in die Zukunft.
   ☐ Die Grundstimmung ist traurig.
   ☐ Die Grundstimmung ist eher positiv.
   ☐ Der Winter steht mehr im Zentrum.
   ☐ Der Frühling steht mehr im Zentrum.
   ☐ Der Mensch steht im Mittelpunkt.
   ☐ Die Natur steht im Mittelpunkt.

   Begründe deine Zuordnung.

2. Fasse das Ergebnis des Vergleichs in wenigen Sätzen zusammen.

Sommer

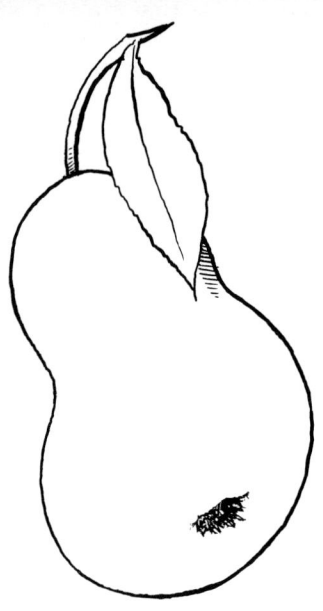

Sommer

Weißt du, wie der Sommer riecht?
Nach Birnen und nach Nelken,
nach Äpfeln und Vergissmeinnicht,
die in der Sonne welken,
5 nach heißem Sand und kühlem See
und nassen Badehosen,
nach Wasserball und Sonnenkrem,
nach Straßenstaub und Rosen.

Weißt du, wie der Sommer schmeckt?
10 Nach gelben Aprikosen
und Walderdbeeren, halb versteckt
zwischen Gras und Moosen,
nach Himbeereis, Vanilleeis
und Eis aus Schokolade,
15 nach Sauerklee vom Wiesenrand
und Brauselimonade.

Weißt du, wie der Sommer klingt?
Nach einer Flötenweise,
die durch die Mittagsstille dringt,
20 ein Vogel zwitschert leise,
dumpf fällt ein Apfel in das Gras,
ein Wind rauscht in den Bäumen,
ein Kind lacht hell, dann schweigt es schnell
und möchte lieber träumen.

Ilse Kleberger

Aufgaben

1. Weißt du, wie der Sommer leuchtet?
   Gestalte das Blatt in den Farben des Sommers.

2. Wie schmeckt, riecht und klingt der Sommer für dich?
   Sammle Gerüche, Geräusche und den Geschmack des Sommers.
   Schreibe dann dein eigenes Sommergedicht.

3. Wie schmeckt, riecht und klingt der Winter für dich?
   Ordne deine Eindrücke in einer Tabelle und schreibe dein Wintergedicht.

Herbst

Goldene Welt

Im September ist alles aus Gold:

Die ☀ , die durch das Blau hinrollt,

das Stoppelfeld,

die 🌻 , schläfrig am 🏰 ,

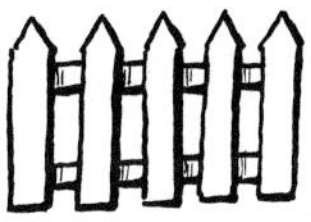

Weiße Welt

Im Winter _____

das ✝ auf der ⛪ ,

_____

der 🍎 am 🌳 .

_____

_____

_____

Ob er hält? Ob er fällt?

_____

Da wirft ihn geschwind

_____

der 🍃 in die goldene 🌐 .

_____

Georg Britting

Aufgaben

1. Schreibe das Gedicht in dein Heft. Ersetzte dabei die Bilder durch passende Wörter.

2. Schreibe auf die Zeilen ein Parallelgedicht über den Winter.
   Übernimm dafür den Aufbau des Gedichts von Georg Britting.
   Was hält oder fällt im Winter? Überlege!

Alte Klage

Hinter den Hügeln, wo fette Wälder ihr Kronenlaub im Herbst entflammen, zögert der Mond über farblosen Feldern. Fröstelnd kriecht das Gebüsch zusammen. Eisige Braue des Windes, in allen Frauengesichtern nachgezogen, Beerenrot, Beerenschwarz, lange verfallen. Und die zärtlichen Sätze verflogen.

Hermann Kasack

Aufgaben

1. Bei diesem Text handelt es sich eigentlich um ein Gedicht, das einen Kreuzreim aufweist. Markiere die Versenden.

2. Schreibe den Text nun als Gedicht auf.
   Achtung: Du darfst die Wörter dabei nicht umstellen.

3. Du weißt, in Gedichten werden oft bildhafte Ausdrücke verwendet.
   Schreibe auf, was die folgenden Bilder bedeuten könnten:

   fette Wälder: _____

   entflammtes Laub: _____

   eisige Braue des Windes: _____

   zusammengekrochenes Gebüsch: _____

4. Welches Bild vermittelt der Autor vom Herbst? Begründe deine Meinung mit Hilfe des Textes.

5. „Der Herbst ist ein Bild für vergangene Jugend oder vergangene Liebe."
   Untermaure diese Aussage mit Textstellen.

Flugzeit

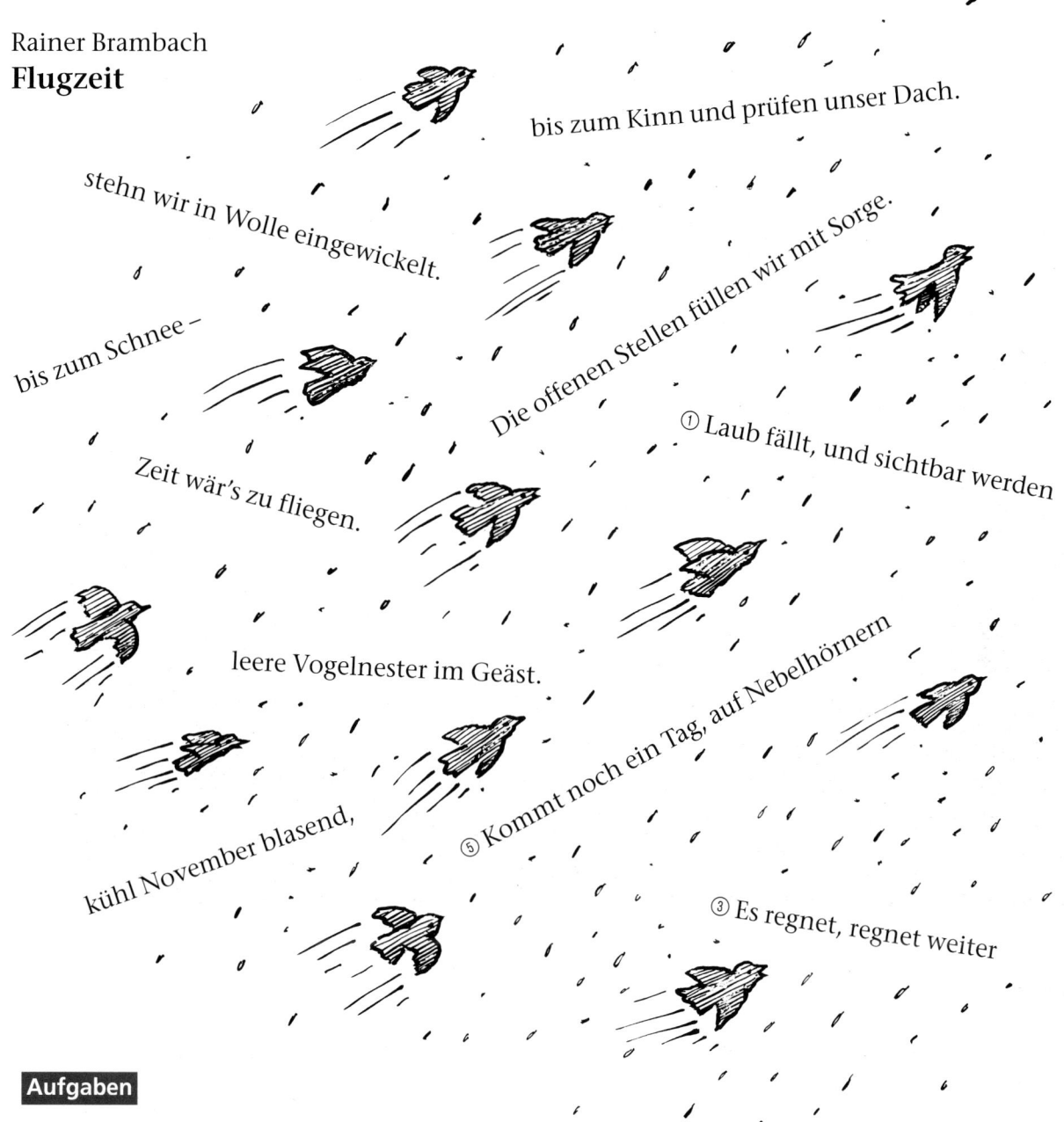

Rainer Brambach
Flugzeit

bis zum Kinn und prüfen unser Dach.

stehn wir in Wolle eingewickelt.

Die offenen Stellen füllen wir mit Sorge.

bis zum Schnee –

① Laub fällt, und sichtbar werden

Zeit wär's zu fliegen.

leere Vogelnester im Geäst.

⑤ Kommt noch ein Tag, auf Nebelhörnern

kühl November blasend,

③ Es regnet, regnet weiter

Aufgaben

1. Ordne die Verse. Drei sind schon vorgegeben.

2. Wie empfindet der Sprecher die kalte Jahreszeit?
   Begründe deine Meinung mit Hilfe des Textes.

3. „Zeit wär's zu fliegen" heißt es am Ende des Gedichts. Warum wählt der Sprecher hier den
   Konjunktiv (Möglichkeitsform)? Nenne einen oder mehrere Gründe für seine Wortwahl.

4. Wohin würdest du fliegen, um einem Herbst, wie ihn Rainer Brambach beschreibt, zu entgehen?
   Begründe deine Wahl.

5. Schreibe einen Protestbrief an den Herbst:

   Lieber Herr Herbst,

   gegen Ihr Farbenspiel im Oktober will ich wirklich nichts sagen, aber …

Haiku

Das Haiku ist eine japanische Gedichtform, die nach strengen Regeln aufgebaut ist. Als Begründer dieser Regeln gilt der Dichter Matsuo Basho (1644–1694). Die Form des Haikus ist aber noch weit älter und geht auf das 8. Jahrhundert zurück. Das Haiku reimt sich fast nie und beschäftigt sich in den meisten Fällen mit der Natur.

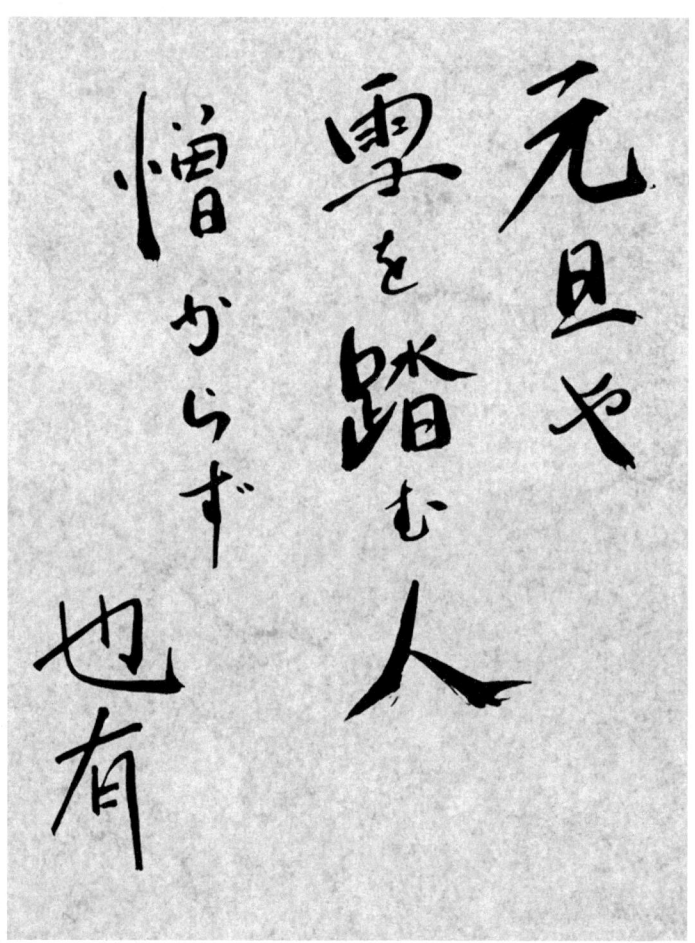

Der Winter kommt bald,
das Laub fällt von den Bäumen –
kahle Herbstbäume.

Savas Mutlukal

Der Wind bläst einen
leichten Hauch in die Zweige –
sie zittern erstaunt.

E. U. W.

Morgen – Sonne – Schnee:
Selbst die Krähe, sonst verhasst,
heute ist sie schön.

Matsuo Basho

Aufgaben

1. Schreibe auf, was du anhand der Beispiele über die Form des Haikus herausfindest.
   Tipp: Alle Haikus sind identisch gebaut.

2. Lege für alle drei Haikus zusammen ein Thema fest.

3. Lies diese Sätze von Vincent van Gogh.

   Wenn man sich mit der japanischen Kunst befasst, dann sieht man, wie ein unbestreitbar weiser und philosophischer und kluger Mann seine Zeit womit verbringt? Die Entfernung des Mondes von der Erde zu studieren? Nein. Die Politik Bismarcks zu studieren? Nein. Er studiert einen einzigen Grashalm.

   Fasse die Sätze van Goghs, die man auch auf den Haiku beziehen kann, mit eigenen Worten zusammen.

4. Schreibe nun selbst ein Haiku zum Thema „Jahreszeit".
   Achte dabei auf die strenge Form des Haikus.

Der Nebel

Der Nebel

Der Nebel ist unersättlich.
Er frißt alle Bäume, die Häuser,
die parkenden Autos,
die Sterne, den Mond.

5 Der Nebel rückt näher,
unförmig gemästet,
wird dicker und dicker,
drückt gegen die Mauer,
leckt an den Fenstern
10 mit feuchter Zunge,
mit grau belegter,
frißt alles,
frißt dich.

Wolfgang Bächler Ⓡ

Aufgaben

1. In seinem Gedicht personifiziert Wolfgang Bächler den Nebel.
   Unterstreiche die Textstellen, in denen der Nebel wie ein Mensch handelt.

2. Zeichne den Nebel so, dass seine Personifizierung deutlich wird. Nutze dazu den Bilderrahmen neben dem Gedicht.

3. „Er frisst alle Bäume, die Häuser, die parkenden Autos …" Schreibe das Gedicht an dieser Stelle weiter.
   Was könnte der Nebel noch fressen, wenn du zum Beispiel an die Straße denkst, in der du wohnst.

4. Viele Menschen haben Angst vor dem Nebel. Überlege warum und schreibe mögliche Gründe an die Striche.

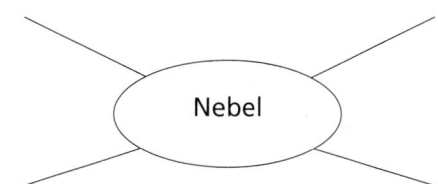

5. „Er frisst dich …" Stell dir vor, du bist in London. Es ist stockdunkel, du hast dich verirrt und ein gefräßiger Nebel ist dir auf den Fersen.
   Schreibe diesen Anfang einer Verfolgungsjagd weiter:

   Mit einem lauten Schrei springe ich über eine Hecke in irgendeinen Garten. Das war knapp! Doch schon schiebt sich eine graue Hand durch das Gartentor …

Spätherbst in Venedig – ein Sonett

Spätherbst in Venedig

Nun treibt die Stadt schon nicht mehr wie ein Köder,
der alle aufgetauchten Tage fängt,
die gläsernen Paläste klingen spröder
an deinen Blick. Und aus den Gärten hängt

5 der Sommer wie ein Haufen Marionetten
kopfüber, müde, umgebracht.
Aber vom Grund aus alten Waldskeletten
steigt Willen auf: als sollte über Nacht

der General des Meeres die Galeeren
10 verdoppeln in dem wachen Arsenal,
um schon die nächste Morgenluft zu teeren

mit einer Flotte, welche ruderschlagend
sich drängt und jäh, mit allen Flaggen tagend,
den großen Wind hat, strahlend, und fatal.

Rainer Maria Rilke

Venedig, Stadt in Norditalien, liegt
auf 118 Inseln und Pfählen innerhalb einer Lagune. V. hat zahlrei-
che bedeutende Bauwerke, u. a.
den Markusplatz mit der Kirche
von San Marco (829–1094) und
den Dogenpalast (1309–1442).

Aufgaben

1. Das klassische Sonett ist streng festgelegt. Es ist vierzehnzeilig und besteht aus zwei Quartetten und zwei Terzetten. Die ursprüngliche Reimfolge ist abba abba cdc dcd.
   Die Verse bestehen im Deutschen meist aus fünf oder sechshebigen Jamben.
   Notiere Punkt für Punkt, was auf Rilkes Gedicht zutrifft und was nicht.

2. Betrachte das Bild von Venedig, und lies den kurzen Lexikonartikel.
   Erkläre, welche Zeilen des Gedichts dir durch das Bild und den Lexikonartikel klarer geworden sind.

3. Um die Stimmung eines Gedichts herauszufinden, kann man eine Positv-/Negativliste erstellen.
   Übertrage dazu die Tabelle in dein Heft.

   Wörter, die positive oder negative Gedanken (Assoziationen) hervorrufen:

positiv	negativ

4. Schreibe nun in einem zusammenhängenden Text auf, wie das Gedicht auf dich wirkt.

Gedichte vergleichen

Der Herbst

Viele Drachen stehen in dem Winde,
tanzend in der weiten Lüfte Reich.
Kinder stehn im Feld in dünnen Kleidern,
sommersprossig und mit Stirnen bleich.

5 In dem Meer der goldnen Stoppeln segeln
kleine Schiffe, weiß und leicht erbaut;
und in Träumen seiner leichten Weite
sinkt der Himmel wolkenüberblaut.

Weit gerückt in unbewegter Ruhe
10 steht der Wald wie eine rote Stadt.
Und des Herbstes goldne Flaggen hängen
von den höchsten Türmen schwer und matt.

Georg Heym

Herbstbild

Dies ist ein Herbsttag, wie ich keinen sah!
Die Luft ist still, als atmete man kaum,
Und dennoch fallen raschelnd, fern und nah,
Die schönsten Früchte ab von jedem Baum.

O stört sie nicht, die Feier der Natur!
Dies ist die Lese, die sie selber hält,
Denn heute löst sich von den Zweigen nur,
Was von dem milden Strahl der Sonne fällt.

Friedrich Hebbel

Aufgaben

1. Vergleiche die beiden Gedichte miteinander.
   Fülle dazu folgende Tabelle aus.
   Ergänze weitere Vergleichsaspekte.

Vergleichsaspekte	Der Herbst	Herbstbild
Titel		
Sprecher		
Bilder (Vergleiche, Metaphern, Personifikationen)		
Stimmung (Wortwahl)		

2. Formuliere nun zusammenfassend das Ergebnis des Vergleichs.

43

Winter

Auf dürrem Ast

Mir ist kalt geworden
sagte der Mond
Mir ist kalt geworden
sagte das Kind
Mir ist kalt
und die Sterne ragen
spitz aus der Nacht
Fürchterlich aufgeblasen
hustet der Winter
auf dürrem Ast

Karola Heidenreich

Ins Weiße blickend

Schnee hat auf Katzenpfoten
den Garten zurückerobert,
die Dächer und Bäume besetzt.
Erfroren starren
die Knospen dich an,
schwarze Pupillen
im Weiß der Zweige.

Wolfgang Bächler R

Herbst

Der Herbst fällt die toten Blätter
Und legt den Finger auf den Mund –
Stirbt es sich leichter bunt?
Im Fluß die Fische werden fetter
Der Winter kommt, die Zeit ist wund.

Inge Müller R

Kalter Tag

Schnee stiebt weiß von den Dächern.
Grau kriecht aus Kaminen der Rauch.
Wo sind meine Schwalben? Woanders.
In Gedanken bin ich es auch.

Josef Guggenmos

Schneezauber

Schneeverhangen die Tannen
brechend unter der Wucht.
Nebel spinnen und spannen
sich um Pfade und Schlucht.

Knackt ein Ast nur zuzeiten,
fern ein Vogelruf schallt;
sonst kein Laut in den Weiten,
im verzauberten Wald.

Lulu von Strauß und Torney

Aufgaben

1. Die kalte Jahreszeit kann ganz unterschiedliche Gefühle wecken. Suche zu jedem der fünf Gedichte Adjektive, die die Stimmung wiedergeben.

2. Schreibe eines der Gedichte ab und gestalte das Blatt passend dazu.

3. Schreibe dein Wintergedicht. Gehe so vor:
   – Schreibe in Form eines Clusters die Empfindungen auf, die der Winter bei dir hervorruft.
   – Unterstreiche Ähnliches mit derselben Farbe.
   – Schreibe dein Gedicht nun, indem du ähnliche Gesichtspunkte in einer Strophe zusammenfasst.

4. Schlüpfe in die Rolle eines Autofahrers, eines Wintersportlers, eines Postboten … und schreibe **sein** Wintergedicht.

44

Im Winter

Wenn es Winter wird

Der See hat eine Haut bekommen,

So dass man fast drauf _____ kann,

Und kommt ein großer _____ geschwommen,

So stößt er mit der _____ an.

5 Und nimmst du einen Kieselstein

Und wirfst ihn drauf, so macht es _____

Und titscher – titscher – titscher – dirr …

Heißa, du lustiger _____ !

Er zwitschert wie ein _____

10 Und tut grad wie ein Schwälblein _____ .

Doch endlich bleibt mein _____ .

ganz weit, ganz weit auf dem _____ draußen liegen.

Da kommen die _____ haufenweis

Und schaun durch das klare Fenster von _____ .

15 Und denken, der _____ wär etwas zum Essen.

Doch sosehr sie die Nase ans _____ auch pressen,

Das _____ ist zu dick, das _____ ist zu alt,

Sie machen sich nur die _____ kalt.

Aber bald, aber bald

20 Werden wir selbst auf eignen _____

Hinausgehen können und den _____ wieder holen.

Christian Morgenstern

Aufgaben

1. Setze in die Lücken die fehlenden Wörter ein. Vergleiche mit den Lösungen deiner Mitschüler.

2. Zweimal vergleicht Morgenstern den Kieselstein mit etwas ganz anderem.
   Erkläre, warum Morgenstern diese Vergleiche gewählt hat.

3. In der vierten Strophe verwendet Morgenstern eine Metapher für das Eis.
   Findest du sie gelungen oder nicht? Begründe.

4. Schreibe das Geschehen noch einmal aus der Perspektive eines Fisches auf.
   Du musst kein Gedicht schreiben, du kannst auch einfach erzählen.

45

Lauter Liebe

Aufgabe

1. Wähle aus den Liebesgedichten von S. 46 und 47 eines aus, das dich besonders anspricht.

Die liebe

Die liebe
ist eine wilde rose in uns
Sie schlägt ihre wurzeln
in den augen,
5 wenn sie dem blick des geliebten begegnen
Sie schlägt ihre wurzeln
in den wangen,
wenn sie den hauch des geliebten spüren
Sie schlägt ihre wurzeln,
10 wächst wuchert
und eines abends
oder eines morgens
fühlen wir nur
sie verlangt
15 raum in uns

Die liebe
ist eine wilde rose in uns,
unerforschbar vom verstand
und ihm nicht untertan
20 Aber der verstand
ist ein messer in uns

Der verstand
ist ein messer in uns,
zu schneiden der rose
25 durch hundert zweige
einen himmel

(   )
    Ⓡ

Zwei Menschen

die sich sehnen
 suchen
   die sich sehen
 5 betrachten
    die sich berühren
   gefallen
     die sich bedenken
    begreifen
 10 die sich verstehen
    fühlen
      die sich küssen
     lieben
       die sich hingeben
  15 hinnehmen
     die sich kennen
     weh tun
    die sich angreifen
    verwunden
 20 die sich abwenden
    zweifeln
   die sich quälen
    leiden
  die sich brauchen
 25 erkennen
  die sich wiedersuchen
  neu zu beginnen
die sich sehnen

(   )

Nie mehr

Das hab ich nie mehr gewollt
um das Telefon streichen am Fenster stehn
keinen Schritt aus dem Haus gehn Gespenster sehn
Das hab ich nie mehr gewollt

5 Das hab ich nie mehr gewollt
Briefe die triefen schreiben zerreißen
mich linksseitig quälen bis zu den Nägeln
Das hab ich nie mehr gewollt

Das hab ich nie mehr gewollt
10 Soll dich der Teufel holen.
Herbringen. Schnell.
Mehr hab ich das nie gewollt.

(   )

Unter B in deinem Notizbuch

auf einen Zettel geschrieben
Martina anrufen
zwischen lauter anderen lieben Pflichten
ein fester Platz in deinem Leben
fest eingeordnet
fest eingegrenzt
festgelegt
festgeliebt

(   )

Fortsetzung auf Seite 47

Fortsetzung von Seite 46

Lauter Liebe

Neue Liebe neues Leben

Herz, mein Herz, was soll das geben?
Was bedrängt dich so sehr?
Welch ein fremdes, neue Leben!
Ich erkenne dich nicht mehr.
5 Weg ist alles, was du liebtest,
Weg, warum du dich betrübtest,
Weg dein Fleiß und deine Ruh –
Ach, wie kamst du nur dazu!

Fesselt dich die Jugendblüte,
10 Diese liebliche Gestalt,
Dieser Blick voll Treu und Güte
Mit unendlicher Gewalt?
Will ich rasch mich ihr entziehen,
Mich ermannen, ihr entfliehen,
15 Führet mich im Augenblick,
Ach, mein Weg zu ihr zurück.

Und an diesem Zauberfädchen,
Das sich nicht zerreißen lässt,
Hält das liebe, lose Mädchen
20 Mich so wider Willen fest;
Muss in ihrem Zauberkreise
Leben nun auf ihre Weise.
Die Veränderung, ach, wie groß!
Liebe! Liebe! lass mich los!

(   )

porträt eines mädchens

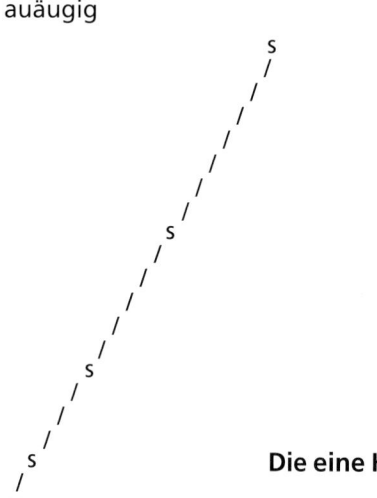

blond
b | | | | | | | | | | | | | | | | | | | | | | | | | | | | | | | |
auäugig

Rastlose Liebe

Dem Schnee, dem Regen,
Dem Winde entgegen,
Im Dampf der Klüfte,
Durch Nebeldüfte,
5 Immer zu! Immer zu!
Ohne Rast und Ruh!

Lieber durch Leiden
Möcht ich mich schlagen,
Als so viel Freuden
10 Des Lebens ertragen.
Alle das Neigen
Von Herzen zu Herzen,
Ach, wie so eigen
Schaffet das Schmerzen!

15 Wie? soll ich fliehen?
Wälderwärts ziehen?
Alles vergebens!
Krone des Lebens,
Glück ohne Ruh,
20 Liebe, bist du!

(   )

Die eine Klage

Wer die tiefste aller Wunden
Hat in Geist und Sinn empfunden,
Bittrer Trennung Schmerz;
Wer geliebt, was er verloren,
5 Lassen muss, was er erkoren,
Das geliebte Herz.

Der versteht in Lust die Tränen
Und der Liebe ewig Sehnen
Eins in zwei zu sein,
10 Eins im andern sich zu finden.
Dass der Zweiheit Grenzen schwinden
Und des Daseins Pein.

Wer so ganz in Herz und Sinnen
Konnt ein Wesen lieb gewinnen,
15 Oh, den tröstet's nicht,
Dass für Freuden, die verloren,
Neue werden neu geboren:
Jene sind's doch nicht.

Das geliebte, süße Leben,
20 Dieses Nehmen und dies Geben,
Wort und Sinn und Blick,
Dieses Suchen und dies Finden,
Dieses Denken und Empfinden
Gibt kein Gott zurück.

(   )

Aufgaben

2. Schreibe einem Freund oder einer Freundin eine E-Mail oder eine SMS über das Gedicht, das du dir ausgesucht hast. Begründe deine Begeisterung gerade für dieses Gedicht.
3. Trage in die Klammern unter den Gedichten eine mögliche Entstehungszeit ein. Begründe. Vergleiche mit dem Lösungsteil.

Schülerliebe

Ob ich ihr sag, dass ich sie mag?

Ich mag wie sie lacht
und wie sie schaut.
Was sie auch macht,
was sie auch tut,
5 ich seh sie an
und mir geht es gut.
Ob ich ihr sag,
dass ich sie mag?

Ich möchte laut singen,
10 ich möchte laut pfeifen,
möchte hoch oben
nach Sternen greifen.
Wär es nicht schön
zusammen zu sein?
15 Wär es nicht schön,
mit ihr zu gehen?
Ob ich ihr sag,
dass ich sie mag?

Ich möchte laut singen,
20 möchte vor Freude
am liebsten zerspringen.
Wohin ich schau:
Die Welt steht Kopf
– alles ist neu.
25 Ob ich ihr sag,
dass ich sie mag?

Ich mag wie sie lacht
und wie sie schaut,
was sie auch macht,
30 was sie auch tut.
Sie sieht mich an
und ich fühl mich gut.
Wär es nicht schön,
mit ihr zu gehen?
35 Sie sieht mich an
und ich fühl mich gut.

Ob ich ihr sag,
dass ich sie mag?

Christine von dem Knesebeck

Aufgaben

1. Was mag das lyrische Ich an dem Mädchen?
   Unterstreiche passende Aussagen rot.

2. Welche Veränderungen bewirkt die Liebe beim lyrischen Ich?
   Unterstreiche die Aussagen blau.

3. Verkürze das Gedicht auf Grundlage deiner Unterstreichungen. Wandle es dann in eine andere Gedichtform um (z. B. in konkrete Poesie oder in einen Haiku).

Die Stille

Aufgaben

1. Wenn ein Liebender alleine ist, Stille ihn umgibt, denkt er an den anderen. Was geht dir durch den Kopf, wenn du an deine Freundin/deinen Freund denkst?
Sammle deine Gedanken in Form eines Clusters oder Brainstormings.

Die Stille

Fühlst du, / hörst du, / siehst du, Geliebte, ich hebe die Hände –
hörst du: *es knistert / es raschelt / es rauscht* …
Welche Gebärde der Einsamen fände
sich nicht von vielen *Dingen / Menschen / Sachen* belauscht?
5 *Fühlst du, / hörst du, / siehst du,* Geliebte, ich schließe die Lider,
und auch **das** ist *Geräusch / Kontakt / Verbindung* bis zu dir.
Fühlst du, / hörst du, / siehst du, Geliebte, ich hebe sie wieder …
… aber warum bist du nicht *anwesend / bei mir / hier.*

Das Abbild / der Abdruck / der Schatten meiner kleinsten Bewegung
10 bleibt in der seidenen *Atmosphäre / Luft / Stille* sichtbar;
unvernichtbar drückt die geringste Erregung
in den gespannten Vorhang der *Einsamkeit / Ferne / Nähe* sich ein.
Auf meinen Atemzügen heben und senken
die *Küsse / Schauer / Sterne* sich.
15 *Zu meinem Herzen / zu meinen Lippen / zu meiner Nase* kommen die Düfte zur Tränke,
und ich erkenne die Handgelenke
entfernter *Engel / Geliebten / Menschen.*
Nur die ich denke: *Dich / Die Frau / Die Geliebte*
seh ich nicht.

Rainer Maria Rilke

Rainer Maria Rilke

2. Welche Wörter und Wortgruppen passen deiner Meinung nach in Rilkes Gedicht. Streiche jeweils zwei der kursiv gesetzten Möglichkeiten durch.

3. Vergleiche deine Version mit denen von Mitschülerinnen und Mitschülern.

4. Lies das Liebesgedicht nun laut vor. Beachte die Grundstimmung der Stille.

Liebeswerbung damals und heute

Johann Wolfgang von Goethe berichtet in dem folgenden Gedicht über das Wachsen und Werden seiner Liebe zu Christiane Vulpius, seiner späteren Frau.

Gefunden

Ich ging im Walde
So für mich hin,
Und nichts zu suchen
Das war mein Sinn.

5 Im Schatten sah ich
Ein Blümchen stehn,
Wie Sterne leuchtend,
Wie Äuglein schön.

Ich wollt es brechen,
10 Da sagt' es fein:
„Soll ich zum Welken
Gebrochen sein?"

Ich grub's mit allen
Den Würzlein aus,
15 Zum Garten trug ich's
Am hübschen Haus.

Und pflanzt es wieder
Am stillen Ort;
Nun zweigt es immer
20 Und blüht so fort.

Johann Wolfgang Goethe

Aufgaben

1. Übertrage das Gedicht in heutige Jugendsprache.
   a) Unterstreiche dafür zunächst alle Metaphern und schreibe daneben, was sie bedeuten könnten.
   b) Schreibe das neue Gedicht dann in dein Heft.

'nen Kerl wie den,
den müsst ihr sehn:
Grüne Augen,
rote Socken,
freches Lachen,
braune Locken,
und mit Witz,
'nen herzlich frischen.
Den lass ich
doch nicht entwischen!

Susan Lages

Jahrhundertelang

wählten Männer
sich Frauen aus.
Die warteten demütig.
Sanft senkten sie
5 scheu den Kopf,
die Lider, den Blick
nach innen gekehrt.

Ich habe meinen
Nacken erhoben,
10 die Augen weit geöffnet.
Nicht ohne Staunen
sehe ich mich um.

Und wenn
mir einer so gefällt,
15 dass mir der Atem
stockt in seiner Nähe,
dann sag ich's ihm
vor allen
– oder nie.

Christa Kožik

2. Wie äußern sich die lyrischen Ichs in diesen beiden Gedichten zur Partnerwahl?

3. Vergleiche die Gedichte von Susan Lages und Christa Kožik mit Goethes „Gefunden" und nenne Gründe für die jeweilige Gestaltung (Reim, Wortwahl, Bildsprache etc.).

50

Eine Verabredung ...

Nähe spüren, ohne sich sehen zu müssen
sich fühlen, ohne zu berühren. Akad. (36, 173) sucht schlk., klugen NR mit Tiefsinn und Sensibilität zum Leben einer erfüllenden Beziehung.
Bildzuschriften bevorzugt Raum 4/5.

Akademikerin
40, sportl. (Tennis, Radeln, Bergwandern, Ski, Inliner) sucht fröhlichen, aufgeschl., aktiven Partner für gemeinsame Unternehmungen und vielleicht mehr. Bildzuschriften unter ...

Netter Er, 35, 180, NR
schlank, natürlich, sucht nette, ehrliche Sie für eine gemeinsame Zukunft. Bild wäre nett.

Frühlingstraum:
Suche Sie, ab etwa 30 Jahre, schlank, nett, symp., natürlich, treu, für eine dauerhafte Beziehung mit viel Liebe, Ehrlichkeit und Vertrauen. Bin vierzig Jahre jung, groß, schlank, attr., Akad., erfolgreich, sportlich, kulturell interessiert, Theater, Kino, Musical.

Aufgaben

1. Wähle eine Annonce aus ...
   Nach einigen brieflichen Kontakten wollen sich die beiden das erste Mal in einem Café treffen.
   Schreibe eine Kurzgeschichte aus der Sicht desjenigen, der im Café **vergeblich wartet**.

2. Vergleiche deinen Text mit dem Gedicht „Wartende" von Ulla Hahn.

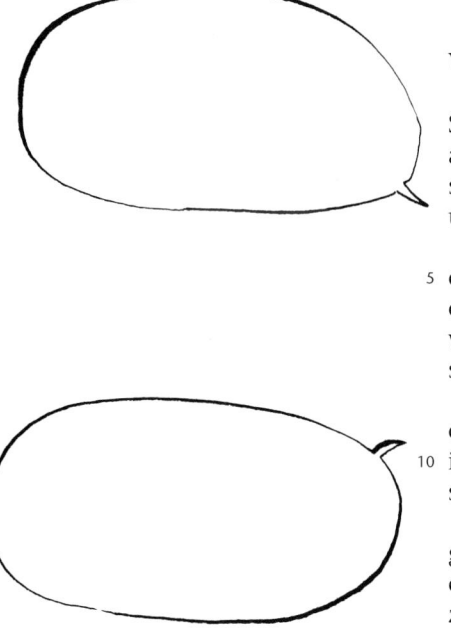

Wartende

Sie sitzt an einem Tisch für zwei Personen
allein mit diesem wachen starren Blick
schaut sie umher als hätt' sie was verloren
und hält sich fest an einem Buch: ihr Strick

5 der sie herauszieht aus den Augenpaaren
die nach ihr züngeln mitleidlos und spitz
wie Wellen über ihr zusammenschlagen
sie niederdrücken auf den Plastiksitz

der unter ihren Schenkeln klebt. Sie schwenkt
10 ihr Glas, das Eis schmilzt klirrend schneller
sie selbst wird immer kleiner und versänk

gern als Erfindung in ihr Buch
das sie nun zuschlägt. Eh sie auftaucht
zahlt und geht. Es ist genug.

Ulla Hahn

3. Was fühlt, was denkt die Frau? Fülle die Gedankenblasen aus.

4. Erkläre die Verwendung der Enjambements (Zeilensprünge). Welche Wirkung wird dadurch erzielt?

5. Der Mann, mit dem sie verabredet war, steht unerkannt im hinteren Teil des Cafés. Er wollte seine Anzeigenpartnerin zunächst aus der Ferne beobachten. Schreibe einen inneren Monolog. Zu welchem Schluss kommt der Mann?

Minnesang

1. Informiere dich in einem Lexikon oder einer Literaturgeschichte über den Begriff „Minnesang".
   Beantworte dann folgende Fragen in deinem Heft:
   – Was bedeutet „Minne"?
   – Inwiefern unterscheidet sich der
     Minnesang von heutiger Liebeslyrik?

Dû bist mîn, ich bin dîn.
des solt dû gewis sîn.
dû bist beslozzen
in mînem herzen;
verlorn ist daz sluzzelîn:
dû muost ouch immer darinne sîn.

unbekannte Verfasserin

Walther von der Vogelweide

Under der linden
an der heide,
dâ unser zweier bette was,
Dâ mugt ihr vinden
5 schône beide
gebrochen bluomen unde gras.
Vor dem walde in einem tal,
tandaradei,
schône sanc diu nahtegal.

10 Ich kam gegangen
zuo der ouwe:
dô was mîn friedel[1] komen ê.
Dâ wart ich enpfangen,
hêre frouwe[2],
15 daz ich bin sælic iemer mê.
Kuste er mich? Wol tûsentstunt:
tandaradei,
seht wie rôt mir ist der munt.

Dô het er gemachet
20 alsô rîche
von bluomen eine bettestat.
Des wirt noch gelachet
inneclîche,
kumt iemen an daz selbe pfat.
25 Bî den rôsen er wol mac,
tandaradei,
merken wâ mirz houbet lac.

Daz er bî mir læge,
wessez iemen
30 (nu enwelle got![3]), sô schamt ich mich.
Wes er mit mir pflæge,
niemer niemen
bevinde[4] daz wan er und ich –
Und ein kleinez vogellîn,
35 tandaradei,
daz mac wol getriuwe sîn.

Walther von der Vogelweide

1 friedel: Liebster
2 hêre frouwe: hier ein Ausruf: – Heilige Jungfrau! –
3 nu enwelle got!: da sei Gott vor!
4 bevinde: erfahren

Fortsetzung auf Seite 53

Fortsetzung von Seite 52   **Minnesang**

Wol mich hiute und iemer mê, ich sach ein wîp,
der ir munt von rœte bran sam ein fiurîn zunder.
ir wol triutelehter minneclîcher lîp
hât mich in den kumber brâht: von der minne ein wunder
5 an ir schœne hât got niht vergezzen.
ist ez reht als ich es hân gemezzen,
sô hât si einen rôten rôsen gezzen.

So ist der eine, der des niht enwære wert,
daz er læge ûf reinem strô, der triut ir wîplich bilde;
10 so ist der ander, der des tôdes dur si gert
und zuo zallen marsen vert, dem muoz si wesen wilde.
hayâ got, wie teilst sô ungelîche!
ist er hezlich, so ist si minnenclîche:
waz sol der tiuvel ûf daz himelrîche?

15 Hêrre got, und het ich von dir den gewalt
daz ich möht verstôzen in von der grôzen wunne,
sô möht ich in ganzen fröiden werden alt:
helfent alle biten mir got daz ers mir gunne,
daz der selbe tiuvel werde geletzet
20 und ich werde an sîne stat gesetzet:
sô bin ich mîs leides wol ergetzet.

Grave Wernher von Honberc

Worterklärungen:
bran: brannte
ergetze: entschädigt
fiurîn: flammender
gemezzen: vermutet
marsen: teufeln
sach: sah
triut: liebkost
triutelehter: reizende
werde geletzet: unschädlich gemacht
wilde: fremd
zallen: allen

Aufgaben

2. Versuche, die Gedichte in eine zeitgemäße Sprache zu übersetzen.
Die Worterklärungen zu den Gedichten helfen dir dabei.

3. Minnelyrik war in den meisten Fällen Vortragslyrik und wurde von den Dichtern selbst zu einfachen
Melodien gesungen. Tragt die Gedichte vor.
Tipp: – jeder Vokal wird gesprochen
       – z = /s/ (stimmhaftes s)
       – ê, î, ô, … werden lang betont

4. Wie ist die Beziehung zwischen dem lyrischen Ich und der abwesenden Person jeweils einzuschätzen?
Vergleiche die Gedichte unter diesem Gesichtspunkt.

Liebe in Not

Schnee im Büro

Eine gewisse Sehnsucht nach Palmen. Hier
ist es kalt, aber nicht nur. Deine Küsse
am Morgen sind wenig, später sitze ich
acht Stunden hier im Büro. Auch du
5 bist eingesperrt, und wir dürfen nicht
miteinander telefonieren. Den Hörer abnehmen
und lauschen? Telefon, warum schlägt
dein Puls nur für andere? Jemand fragt:
„Wie geht's?", wartet die Antwort nicht
10 ab und ist aus dem Zimmer.

Was kann Liebe bewegen? Ich berechne
Preise und werde berechnet. Alle die Ersatzteile,
die Kesselglieder, Ölbrenner, sie gehen
durch meinen Kopf als Zahlen, weiter nichts.
15 Und ich gehe durch jemand hindurch
als Zahl. Aber am Abend komme ich zu dir
mit allem, was ich bin. Lese von
Wissenschaftlern: auch die Liebe ist
ein Produktionsverhältnis. Und wo sind
20 die Palmen? Die Palmen zeigen sich am Strand
einer Ansichtskarte, wir liegen auf dem Rücken
und betrachten sie. Am Morgen kehren
wir ins Büro zurück, jeder an seinen Platz.
Er hat eine Nummer, wie das Telefon.

Jürgen Theobaldy

Aufgaben

1. „Schnee" und „Palmen" bilden zwei Pole in diesem Gedicht.
   a) Unterstreiche Wörter, die zu „Schnee" gehören, blau, Wörter, die zu den Palmen passen, grün.
   b) Schreibe nun auf, was „Schnee" bzw. „Palmen" für das lyrische Ich bedeuten.

2. Das lyrische Ich spricht mit dem Personalrat über das Arbeitsklima in der Firma. Was könnte es sagen?

3. Das Paar sucht eine psychologische Beratungsstelle auf. Stellt euch vor, ihr würdet es beraten.
   a) Formuliert Fragen, die sich auf die Arbeit, das Privatleben und die Liebe beziehen.
   b) Formuliert gemeinsam Ratschläge für das Zusammenleben des Paares.
   c) Spielt das Gespräch.

54

Liebe um jeden Preis!?

Mit Haut und Haar

Ich zog dich aus der Senke deiner Jahre
und tauchte dich in meinen Sommer ein
ich leckte dir die Hand und Haut und Haare
und schwor dir ewig mein und dein zu sein.

5 Du wendetest mich um. Du branntest mir dein Zeichen
mit sanftem Feuer in das dünne Fell.
Da ließ ich von mir ab. Und schnell
begann ich vor mir selbst zurückzuweichen

und meinem Schwur. Anfangs blieb noch Erinnern
10 ein schöner Überrest der nach mir rief.
Da aber war ich schon in deinem Innern
vor mir verborgen. Du verbargst mich tief.

Bis ich ganz in dir aufgegangen war:
da spucktest du mich aus mit Haut und Haar.

Ulla Hahn

Liebe am Horizont

Der Mann hatte eine schreckliche
Unordnung in ihr Leben gebracht. Plötzlich
waren die Aschenbecher voller Asche
die Laken zweifach benutzt, verschwitzt
5 und alle Uhren gingen anders,
einige Wochen lang schwebte sie
über den Wolken und küßte den Mond.
Erst im Tageslicht wurde ihre Liebe
kleiner und kleiner. Achtlos
10 warf er das Handtuch, blaukariert
mit dem kreuzgestichelten Monogramm
(wenn die Mutter das wüßte)
über die Schreibmaschine. Bald
konnte sie ihre Liebe schon
15 in einer Schublade verschließen.
Eingesperrt zwischen Plunder
geriet sie in Vergessenheit.
Später, als der Mann sie rief
wünschte sie, stumm zu sein.
20 Als er wieder rief, war sie schon taub.

Ursula Krechel [R]

Aufgaben

1. Lies beide Gedichte.
   Schreibe auf, welche inhaltlichen Gemeinsamkeiten du erkennst.

2. Beide Frauen führen Tagebuch.
   Rechts neben den Gedichten findest du verschiedene Tagebucheinträge. Schreibe sie in deinem Heft
   weiter.

55

Teerunde mit Heinrich Heine

Sie saßen und tranken am Teetisch,
Und sprachen von Liebe viel.
Die Herren, die waren ästhetisch,
Die Damen von zartem Gefühl.

5 „Die Liebe muss sein platonisch[1]",
Der dürre Hofrat sprach.
Die Hofrätin lächelt ironisch,
Und dennoch seufzet sie: „Ach!"

Der Domherr öffnet den Mund weit:
10 „Die Liebe sei nicht zu roh,
Sie schadet sonst der Gesundheit."
Das Fräulein lispelt: „Wieso?"

Die Gräfin spricht wehmütig:
„Die Liebe ist eine Passion[2]!"
15 Und präsentiert gütig
Die Tasse dem Herren Baron.

Am Tische war noch ein Plätzchen,
Mein Liebchen, da hast du gefehlt.
Du hättest so hübsch, mein Schätzchen,
20 Von deiner Liebe erzählt.

Heinrich Heine

Heinrich Heine

1 platonische Liebe: geistige Liebe
2 Passion: leidenschaftliche Hingabe

Aufgaben

1. Unterstreicht mit verschiedenen Farben, wie sich die einzelnen Damen und Herren zur Liebe äußern.
   Lest das Gedicht dann mit verteilten Rollen vor.

2. Erläutere, was die Personen mit ihren Äußerungen meinen und weshalb sie bestimmte Ansichten vertreten. Bedenke dabei, dass das Gedicht um 1820 entstanden ist.

3. Wie würde das „Schätzchen" des Sprechers von der Liebe erzählen? Begründe deine Meinung.
   Tipp: Beachte die Wortwahl des Sprechers.

4. Eine der Damen führt Tagebuch. Wie könnte sie – aus ihrer Perspektive – über die Teerunde schreiben?

5. Stell dir vor, du wärest ein Gast dieser Teerunde. Was würdest **du** aus **heutiger** Sicht über die Liebe sagen?

Lyrik in 4 Akten

mal franz mal anna

anna an franz:
    anbrannt
franz an anna:
    fasttag
5 anna an franz:
    hals kalt
franz an anna:
    schal
anna an franz
10   bald alt
franz an anna:
    warts ab.
anna:
    [kratzt ab]
15 franz:
    schad

Ernst Jandl

I. Akt: _____

_____

_____

II. Akt: _____

_____

_____

III. Akt: _____

_____

_____

IV. Akt: _____

_____

_____

Ernst Jandl

Aufgaben

1. Dieser Text von Ernst Jandl ist eigentlich ein Kurzdrama. Unterteile den Text in 4 Akte und umreiße kurz den Inhalt

2. Beschreibe, wie Franz und Anna miteinander umgehen.

3. Formuliert in Partnerarbeit einen ausführlichen Dialog.

4. Was denken Franz und Anna? Spielt das Drama mit Hilfe der „Alter-Ego-Technik".
Einer von euch spielt und spricht Anna, ein anderer Franz. Zwei weitere Personen stehen hinter Franz bzw. Anna und sprechen aus, was die beiden denken.

5. Anna schreibt Tagebuch. Verfasse einen Eintrag für den Tag, an dem sie „bald alt" sagt.

… kam ihre Liebe abhanden

Der nächste Morgen

Wir wachten auf. Die Sonne schien nur spärlich
Durch schmale Ritzen grauer Jalousien.
Du gähntest tief. Und ich gestehe ehrlich:
Es klang nicht schön. – Mir schien es jetzt erklärlich,
5 Dass Eheleute nicht in Liebe glühn.

Ich lag im Bett. Du blicktest in den Spiegel,
Vertieftest ins Rasieren dich diskret.
Du griffst nach Bürste und Pomadentiegel.
Ich sah dich schweigend an. Du trugst das Siegel
10 Des Ehemannes, wie er im Buche steht,

Wie plötzlich mich so viele Dinge störten!
– Das Zimmer, du, der halbverwelkte Strauß,
Die Gläser, die wir gestern abend leerten,
Die Reste des Kompotts, das wir verzehrten.
15 … Das alles sieht am Morgen anders aus.

Beim Frühstück schwiegst du.
    (Widmend dich den Schrippen.)
– Das ist hygienisch, aber nicht sehr schön.
Ich sah das Fruchtgelee auf deinen Lippen
Und sah dich Butterbrot in Kaffee stippen
20 Und sowas kann ich auf den Tod nicht sehn!

Ich zog mich an. Du prüftest meine Beine
Es roch nach längst getrunkenem Kaffee.
Ich ging zur Tür. Mein Dienst begann um neune.
Mir ahnte viel –. Doch sagt ich nur das Eine:
25 Nun ist es aber höchste Zeit! Ich geh …

Mascha Kaléko

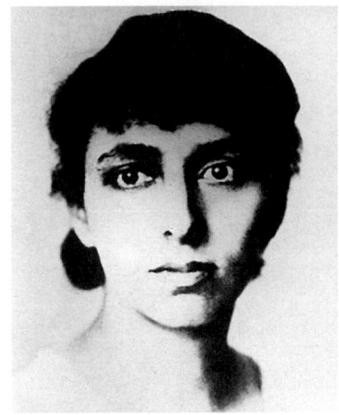

Mascha Kaléko

Sachliche Romanze

Als sie einander acht Jahr kannten
(und man darf sagen: sie kannten sich gut),
kam ihre Liebe plötzlich abhanden.
Wie andern Leuten ein Stock oder Hut.

5 Sie waren traurig, betrugen sich heiter,
versuchten Küsse, als ob nichts sei,
und sahen sich an und wußten nicht weiter.
Da weinte sie schließlich. Und er stand dabei.

Vom Fenster aus konnte man Schiffen winken.
10 Er sagte, es wäre schon Viertel nach Vier
und Zeit, irgendwo Kaffee zu trinken.
Nebenan übte ein Mensch Klavier.

Sie gingen ins kleinste Café am Ort
und rührten in ihren Tassen.
15 Am Abend saßen sie immer noch dort.
Sie saßen allein, und sie sprachen kein Wort
und konnten es einfach nicht fassen.

Erich Kästner ℝ

Aufgaben

1. Vergleiche die Grundstimmung in beiden Gedichten.
   a) Ordne dafür jedem Gedicht zwei der folgenden Adjektive zu:
      aggressiv, analysierend, banal, belanglos, beliebig, beobachtend, deprimierend, fröhlich, neutral, niederschmetternd, sachlich, traurig, trostlos, witzig.
   b) Begründe am Text, warum du diese Adjektive ausgewählt hast.
   c) Inwieweit beeinflussen die Wahl der Sprecher-Perspektive und die Wortwahl die Stimmung?

2. Die beiden Frauen aus den Gedichten treffen sich und sprechen über ihre Situation, geben einander Ratschläge und tauschen ihre Erfahrungen aus …
   a) Gestaltet dieses Gespräch und achtet dabei auf den Textbezug.
   b) Nach dem Gespräch kehrt die Frau aus Kästners Gedicht zurück zu ihrem Mann. Sie lädt ihn ins „kleinste Café am Ort" ein und hat ihm plötzlich einiges zu sagen. Gestaltet das Gespräch.

Verlorene Liebe

Das verlassene Mägdlein

Früh, wann die Hähne krähn,
Eh die Sternlein schwinden,
Muss ich am Herde stehn,
Muss Feuer zünden.

5 Schön ist der Flamme Schein,
Es springen die Funken.
Ich schaue so drein,
In Leid versunken.

Plötzlich, da kommt es mir,
10 Treuloser Knabe,
Dass ich die Nacht von dir
Geträumet habe.

Träne auf Träne dann
Stürzet hernieder;
15 So kommt der Tag heran –
O ging er wieder!

Eduard Mörike

Ein Jüngling liebt ein Mädchen,
Die hat einen andern erwählt;
Der andre liebt eine andre,
Und hat sich mit dieser vermählt.

5 Das Mädchen heiratet aus Ärger
Den ersten besten Mann,
Der ihr in den Weg gelaufen;
Der Jüngling ist übel dran.

Es ist eine alte Geschichte,
10 Doch bleibt sie immer neu;
Und wem sie just passieret;
Dem bricht das Herz entzwei.

Heinrich Heine

Von dem, was Liebe war

ist keine Bitterkeit geblieben
es war nicht leicht
hat nur bis hier gereicht
5 doch ich kann
weil die Liebe so war, wie sie war
nach dir einen anderen lieben

Von dem, was Treue war
hab ich mit dir nicht länger mehr zu reden
10 doch was zählt das
da war kein Fünkchen Hass
und ich weiß
durch dich nun, wie schön ich sein kann
und so überlebst du jeden

15 Mann, der du bist
der davongeht
sich kaum noch umdreht
aus Angst vor dem eigenen Schwachsein
ich glaube, wir zwei werden heute Nacht
20 fern voneinander und wach sein

Von dem, was Liebe war
ist nun doch Traurigkeit geblieben
das muss so sein

Mann, der du bist
25 der davongeht
sich kaum noch umdreht
aus Angst vor dem eigenen Schwachsein
ich glaube, wir zwei werden heute Nacht
fern voneinander und wach sein

Gisela Steineckert

Aufgaben

1. Vergleiche die Gedichte inhaltlich und formal.

2. Die Verzweifelten wenden sich an Frau Dr. Herbst, eine bekannte Psychologin.
   a) Schreibe einen der Briefe.
   b) Verfasse auch das entsprechende Antwortschreiben.

59

Aschenputtel steigt aus

Ruckediguh

Mir reicht's,
sprach Aschenputtel,
stieg aus dem grauen Kittel
und schmiss ihn ins Küchenfeuer,
5 Ließ die Linsen Linsen sein,
– die Tauben mühten sich
längst für den Frieden –
und warf einen zärtlichen Blick
auf den Haselstrauch
10 und machte sich
aus dem Staub.
Nur der Königssohn
kann es nicht glauben.
Er sucht noch immer nach ihr
15 mit einem Schuh in der Hand.

Inge Meyer-Dietrich

Aufgaben

1. Das Märchen von Aschenputtel kennst du doch sicher.
   a) Fasse den Inhalt des Märchens kurz zusammen.
   b) An welche Stelle des Märchens passt das Gedicht?

2. Warum will Aschenputtel nicht mehr mitmachen? Begründe mit Hilfe des Gedichts.

3. Aschenputtel schreibt dem Königssohn eine Abschieds-SMS.
   Schreibe diese SMS. Du hast dafür nur 160 Zeichen zur Verfügung.

4. Und der Prinz?
   Schreibe ein Parallelgedicht. Orientiere dich an der Form des Gedichts von Inge Meyer-Dietrich.

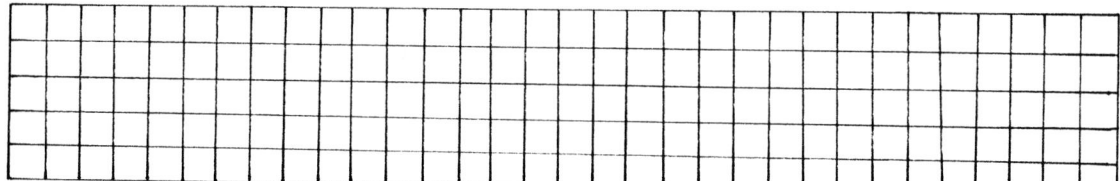

Mir reicht's,
sprach der Prinz,
stieg von seinem Schimmel

Kinderstreiche

Das verhexte Telefon

Neulich waren bei Pauline
sieben Kinder zum Kaffee.
Und der Mutter taten schließlich
von dem Krach die Ohren weh.

5 Deshalb sagte sie: „Ich gehe,
aber treibt es nicht zu toll.
Denn der Doktor hat verordnet,
daß ich mich nicht ärgern soll."

10 Doch kaum war sie aus dem Hause,
schrie die rote Grete schon:
„Kennt ihr meine neuste Mode?
Kommt mal mit ans Telefon."

Und sie rannten wie die Wilden
15 an den Schreibtisch des Papas.
Grete nahm das Telefonbuch,
blätterte darin und las.

Dann hob sie den Hörer runter,
gab die Nummer an und sprach:
20 „Ist dort der Herr Bürgermeister?
Ja? Das freut mich. Guten Tag!

Hier ist Störungsstelle Westen.
Ihre Leitung scheint gestört.
Und da wäre es am besten,
25 wenn man Sie mal sprechen hört.

Klingt ganz gut … Vor allen Dingen
Bittet unsere Stelle Sie,
prüfungshalber was zu singen.
irgendeine Melodie."

30 Und die Grete hielt den Hörer
allen sieben an das Ohr.
Denn der brave Bürgermeister
sang: „Am Brunnen vor dem Tor."

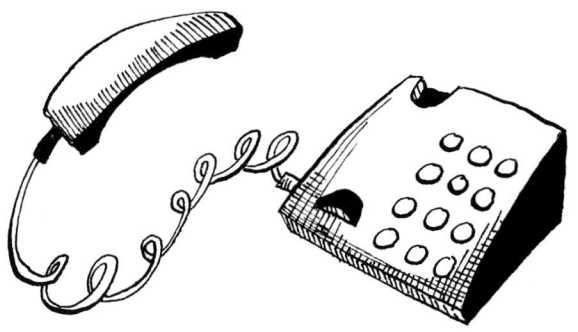

Weil sie schrecklich lachen mußten,
35 hängten sie den Hörer ein.
Dann trat Grete in Verbindung
mit Finanzminister Stein.

„Exzellenz, hier Störungsstelle.
Sagen Sie doch dreimal ‚Schrank'.
40 Etwas lauter, Herr Minister!
Tschuldigung und besten Dank."

Wieder mußten alle lachen.
Hertha schrie: „Hurra!", und dann
riefen sie von neuem lauter
45 sehr berühmte Männer an.

Von der Stadtbank der Direktor
sang zwei Strophen „Hänschen klein".
Und der Intendant der Oper
knödelte die „Wacht am Rhein".

50 Ach, sogar den Klassenlehrer
rief man an. Doch sagte der:
„Was für Unsinn? Störungsstelle –
Grete, Grete! Morgen mehr."

Das fuhr allen in die Glieder.
55 Was geschah am Tage drauf!
Grete rief: „Wir tuns nicht wieder."
Doch er sagte: „Setzt euch nieder.
Was habt ihr im Rechnen auf?"

Erich Kästner ⓇⓇ

Aufgaben

1. Tragt das Gedicht mit verteilten Rollen vor.
   a) Schreibt zuerst eine Besetzungsliste.
   b) Überlegt euch dann genau, wie die einzelnen Figuren sprechen. Die Mutter ermahnend, Grete mit
   verstellter Stimme …

2. Die Kinder rufen noch mehr Leute an. Schreibt weitere Strophen und tragt sie vor.

Momentaufnahmen

Die knipsverrückte Dorothee

Dorothea kriegte gestern
einen Fotoapparat.
Und nun knipst sie unermüdlich
Hochformat und Querformat.
5 Dorothea hat Geschick:

_____

Dorothea knipste Bilder
von der Mutter mit dem Hut,
von dem Pinscher namens Satan
10 und der Patentante Ruth.
Auch vom Vater mit dem Schlips:

_____

Dorothea wurde kühner,
denn nun knipste sie sogar
15 Nachbars aufgescheuchte Hühner
und die Birke mit dem Star.
Mittags war der Film schon voll.

_____

Vater in der Dunkelkammer
20 hat den Film mit Müh und Zeit
bis zum Abendbrot entwickelt.
Aufgepasst, es ist soweit!
Mutter zog die Bilder ab:

_____

25 Abends sah sich die Familie
sehr verdutzt die Bilder an.
Vater grinste, Mutter lachte,
Tante Ruth rief: „Sieh mal an!"
Dorothea aber sprach:

30 _____

62

Fortsetzung auf Seite 63

Fortsetzung von Seite 62

Momentaufnahmen

Man sah Mutters halbe Nase,

obendrein ein Stück vom Hut.

Und die umgestülpte Vase

war ein Bein von Tante Ruth.

35 An der Birke sah man bloß

_____

Nachbars Hühner waren deutlich.

Aber keines sah man ganz.

Links sechs Beine, rechts ein Flügel,

40 und ganz oben war ein Schwanz.

Vaters Bild war nur ein Schlips:

_____

Auch vom Pinscher namens Satan

sah man nur das linke Ohr,

45 und das schaute wie ein Dreieck

hinterm Kohlenkasten vor.

Jeder rief: Ojemine!

_____

James Krüss

Aufgaben

1. Suche in dem Kästchen auf Seite 62 die passenden Wörter und schreibe sie auf die leeren Zeilen im Gedicht.

2. Sechs Fotos werden im Gedicht genau beschrieben.
   a) Unterstreiche grün, was Dorothea fotografieren wollte.
   b) Unterstreiche rot, was sie fotografiert hat.

3. Male die sechs entwickelten Fotos in die vorgegebenen Rahmen.

4. Schreibe kurze, lustige Kommentare unter jedes Foto.

63

Lob der Faulheit?

Lob der Faulheit

Faulheit, jetzo will ich dir
Auch ein kleines Loblied bringen. –

O – wie – sau – er – wird es mir, –
Dich – nach Würden – zu besingen!
5 Doch, ich will mein Bestes tun,
Nach der Arbeit ist gut ruhn.

Höchstes Gut! wer dich nur hat,
Dessen ungestörtes Leben –
Ach! – ich – gähn – ich – werde matt –
10 Nun – so – magst du – mirs vergeben,
Dass ich dich nicht singen kann;
Du verhinderst mich ja dran.

Gotthold Ephraim Lessing

Aufgaben

1. Trage Lessings Gedicht richtig vor. Überlege dir vorher, welche Bedeutung die Bindestriche haben.

2. Schreibe ein Gegengedicht: „Lob des Fleißes".
Beende auch dieses Gedicht mit den Zeilen:
„Dass ich dich nicht singen kann;
Du verhinderst mich ja dran."

Liebes Kind, lernest du wohl

Liebes Kind, lernest du wohl,
so wirst du guter Hühner voll,
Lernest du aber übel,
So musst du mit den Sauen essen aus dem Kübel.

Martin Luther

Lektionen

Schau während der Schulstunden
fleißig aus dem Fenster, Kind,
lerne die Lektion des Kastanienbaumes im
Schulhof
5 durch seine Äste hindurch
erfährst du vom
Wesen der Wolken

Merke dir die Lektion
der unscheinbaren
10 nach Brosamen pickenden Vögel
die mit einem Flügelschlag
über Mauern und Gitter sind

Lerne
von den Dornen
15 versteckt unter den Blättern
der Hecke

Merke: Die Fenster
sind das Wichtigste
in einem Schulzimmer!
20 Widerstehe der Versuchung
die Wirklichkeit deinem
Kopf anzupassen.

Eveline Hasler

3. Welche Einstellungen zum Lernen wollen die Gedichte von Luther und Eveline Hasler vermitteln? Diskutiert. Schreibt dann eure Meinung auf und begründet sie.

4. Was lernst du, wenn du aus dem Fenster des Schulzimmers schaust? Ergänze Eveline Haslers Gedicht.

Kiribati

Kiribati

Im Grunde hatte Daniel Wilson mit Antwort nicht gerechnet. Seinen Brief nach Kiribati hatte der 21-jährige Student aus Blackpool in England wohl eher aus Übermut auf die Rei-
5 se geschickt. Er habe es satt gehabt, in den Sommerferien immer Fabrik-Jobs zu über-nehmen, erklärt Wilson, und sei beim Blät-tern in einem Atlas auf die Kiribati-Inseln im Südpazifik gestoßen, die früher Gilbert-In-
10 seln hießen und zu England gehörten. Also schrieb er an „Die Regierung, Kiribati" und empfahl sich, unter Beifügung eines Lebens-laufs und eines gereimten Loblieds auf die In-seln, als deren künftiger Hauspoet. Er wolle
15 gern zu Geburtstagen und Nationalfeiertagen Gedichte für das Volk von Kiribati verfassen und brauche für seine poetischen Bemühun-gen nicht mehr als eine kleine Strohhütte am Strand. Zu seiner nicht geringen Überra-
20 schung erhielt Wilson Post aus dem Pazifik. Der Privatsekretär des Präsidenten von Kiri-bati dankte für das schöne Gedicht, das der Präsident „schlicht und rührend" gefunden habe, und teilte Wilson mit, der Präsident
25 heiße ihn auf Kiribati herzlich willkommen. Eine Strohhütte am Strand werde man ihm gern bauen, wenn er sich schon die Mühe ma-che, nach Kiribati zu reisen und Kiribati mit seiner Poesie zu beglücken. Seither spart Da-
30 niel Wilson für den Flug nach Kiribati. Ein Einkommen kann er allerdings nicht erwar-ten: Die Inseln sind mausarm und dienten in den fünfziger Jahren als britische Atomtest-zone. *Peter Nonnenmacher*

Tarawa, die Hauptinsel, besteht wie die meisten Atolle Kiribatis nur aus ei-nem schmalen, palmenbestandenen Streifen Land zwischen Meer und Lagu-ne. In deren Mitte taucht bei Ebbe eine Kette von Sandbänken auf.

Aufgaben

1. Wie würde euer „Loblied" auf Kiribati aussehen? Verfasst getrennt voneinander Gedichte.
   Tipp: Sucht Informationen über den Inselstaat, z. B. im Internet, in einem Geografiebuch oder in „Geo 11/96".

2. Bildet eine Jury. Entscheidet gemeinsam, wen ihr als „Hauspoeten" einstellen würdet.

3. Schreibe ein Loblied für den Ort, an dem du gerne leben würdest.
   Tipp: Lege zuerst eine Gedankensammlung an, z. B.:

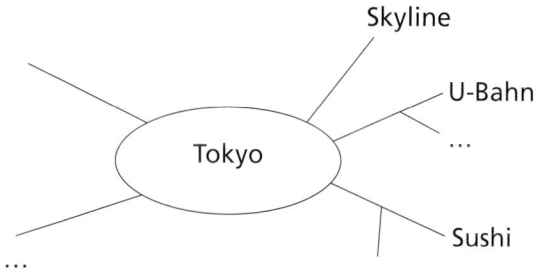

Alfred Wolfenstein: Städter – eine Interpretation

Städter

Dicht wie die Löcher eines Siebes stehn
Fenster beieinander, drängend fassen
Häuser sich so dicht an, dass die Straßen
Grau geschwollen wie Gewürgte sehn.

5 Ineinander dicht hineingehakt
Sitzen in den Trams die zwei Fassaden
Leute, ihre nahen Blicke baden
Ineinander, ohne Scheu befragt.

Unsre Wände sind so dünn wie Haut,
10 Dass ein jeder teilnimmt, wenn ich weine.
Unser Flüstern, Denken … wird Gegröle …

– Und wie still in dick verschlossner Höhle
Ganz unangerührt und ungeschaut
Steht ein jeder fern und fühlt: alleine.

Alfred Wolfenstein

Aufgaben

1. Lest das Gedicht still.

2. Lest dann Abschnitt für Abschnitt die Stoffsammlung/Gliederung. Klärt im Unterrichtsgespräch die Fachbegriffe.

Stoffsammlung/Gliederung für eine Interpretation

A. Einleitung: Anliegen und Absicht
Expressionistische Großstadtlyrik; neue Sinngebung des Daseins; gegen fortschreitende Mechanisierung und Zivilisation (vor allem in den großen Städten); Suche nach Menschenwürde und Brüderlichkeit in den unmenschlichen Großstädten …

B. Hauptteil: Erschließung und Deutung nach Machart/Botschaft
Quartette = Exposition: Aufzählen von Gleichartigem; Terzette = Darstellung von Gegensätzlichem und Hinführung zum entscheidenden Schlussausklang; Reim = Wechsel von klingenden und stumpfen Reimen, umschließender Reim (Schema abba – cddc – efg – gef); Versfuß = Trochäus; Enjambement (nicht über die einzelnen Strophen hinweg); Wortwiederholungen = dicht (3), ein jeder (2), ineinander (2), unser (2); Verstärkung = dicht … beieinander; ineinander dicht hineingehakt; drängend fassen … sich so dicht an; geschwollen; ihre nahen Blicke baden ineinander; ganz unangerührt und ungeschaut; Alliteration; Klangform = Bedeutung der Vokale (hell – dunkel: i, ei – a, au, o); Personifikation = Häuser fassen sich an, Straßen sehn, Fassaden sitzen …; Symbole = die zwei Fassaden Leute; Metaphern = ihre Blicke baden ineinander; Vergleiche; Antithese = in Sprache und Thematik; sprachlich: dicht – allein; ihre nahen Blicke baden ineinander – unangerührt;

dünn – dick; Gegröle – still; Löcher eines Siebes – in dick verschlossner Höhle; thematisch: Masse – Einsamkeit.

2. Botschaft
1. Quartett = Darstellung der Großstadt als Massenansammlung von *Häusern*; negativ gesehen durch: grau, Straßen geschwollen wie gewürgt, wie die Löcher eines Siebes = Leere;
2. Quartett = die *Menschen* in dieser Stadt; negativ gesehen: Symbol Fassade = Wesenlosigkeit, Leere (Vergleich mit dem Sieb), Beziehungslosigkeit;
1. Terzett = das *Individuum* als Teil der Masse (Häuser), Identifizierung mit ihr (Fassade); Ausgeliefertsein an die Umwelt; Bedeutungsveränderung („teilnehmen") in verschlechterndem Sinn;
2. Terzett = Pointe und antithetischer Schluss „Der Mensch in der Isolation" (Bild der verschlossenen Höhle); Aufbau: Großstadthäuser – Menschen Individuum – Pointe; bestimmt durch die Entgegensetzung von Objekt (Stadt – in den Quartetten) und lyrischem Ich (in den Terzetten); erstes und letztes Wort sind in (antithetischer) Beziehung zueinander zu sehen: „Dicht … alleine".

C. Schluss: Bewertung und Stellungnahme
Einseitiges Bild der Großstadt; Großstadt hat auch andere Gesichter; geselliges Leben in der Großstadt; Veranstaltungen …

Fortsetzung auf Seite 67

Gedichtinterpretation

Alfred Wolfenstein ist ein Dichter des Expressionismus.
Die zunehmende Industrialisierung zu Beginn des 20. Jahrhunderts, die damit verbundene Landflucht und das rasche Anwachsen der Städte zu industriellen Großstädten beunruhigte die Menschen jener Zeit.
Viele Gedichte der Expressionisten befassen sich deshalb mit den Themen „Stadt" und „Menschen in der Großstadt".
Das Gedicht „Städter" von Alfred Wolfenstein ist ein Sonett. Das Sonett ist eine vorgeprägte Gedichtform. Es besteht aus zwei Quartetten und zwei Terzetten.
Die Quartette weisen mit dem Reimschema abba einen umarmenden Reim auf. Bei den Terzetten dagegen sind die Reime verschlungen. So ergibt sich das Gesamtreimschema abba cddc efg gef. In dem Gedicht wechseln stumpfe und klingende Kadenzen miteinander ab.
Die Verse sind durchgehend in fünffüßigen Jamben geschrieben. An zwei Stellen wird das gleichmäßige Versmaß durchbrochen: Im ersten Vers wird das Wort „dicht" so stark hervorgehoben, dass der Rhythmus das gleichmäßige Versmaß sprengt. Im zweitletzten Vers wird noch einmal ein Wort aus dem Versmaß herausgehoben, nämlich „ganz".
Das Gedicht ist antithetisch aufgebaut. Dem Begriff „dicht" am Gedichtanfang steht der Begriff „alleine" am Ende des Gedichts gegenüber. Auch im Inhalt des Gedichts zeigt sich der Gegensatz zwischen der Masse und dem Alleinsein in der Masse: Flüstern wird zum Gegröle, dünne Wände und dick verschlossene Höhle, nah und fern, teilnehmen und unangerührt sein.
Das Gedicht wirkt sehr anschaulich durch Bilder und Vergleiche: Löcher eines Siebes, Wände, so dünn wie Haut, eine Wohnung wie eine dick verschlossene Höhle, Straßen, die wie Gewürgte sehen. Auch Personifikationen dienen der Veranschaulichung: Die Häuser fassen sich an.
Das erste Quartett beschreibt das äußere Bild der Stadt. Herausgestellt wird die Enge der Stadt, die zusammengedrängten Häuserblocks und die Eintönigkeit der Wohnsilos („wie die Löcher eines Siebes"). Aus den letzten Zeilen geht hervor, dass diese Enge von den Menschen als bedrohend empfunden wird („grau geschwollen wie Gewürgte").
Auch das zweite Quartett sammelt Eindrücke von der Stadt. Es beschreibt aber mehr die Menschen, die in der Stadt leben. Auch hier wird die Enge, das Gedränge („ineinander dicht hineingehakt") und die Kontaktlosigkeit der Menschen („zwei Fassaden Leute") betont. Trotz dieser Beziehungslosigkeit der Menschen untereinander fühlen sie sich beobachtet („ihre nahen Blicke baden ineinander").
Die Terzette fassen die Einzelbeobachtungen zu Ergebnissen zusammen. Das „lyrische Ich" tritt auf („unsre Wände …"), wodurch die Terzette persönlicher wirken.
In den Terzetten steht der Einzelne der Masse gegenüber.
Im ersten Terzett erscheint der Mensch eingeengt, ohne persönlichen Freiraum: Sogar „unser Flüstern, Denken … wird Gegröle", das heißt, man fühlt sich ständig kontrolliert.
Das letzte Terzett enthält die wichtigste Aussage des Sonetts: Trotz der Enge der Großstadt ist der Einzelne mit seinen Sorgen und Problemen allein: „unangerührt und ungeschaut". Die Menschen sind sich fremd, sie stehen sich trotz der Nähe fern. Der Einzelne fühlt sich verlassen. Das letzte Wort des Gedichtes ist als scharfer Gegensatz zum Gedichtanfang zu sehen.
Der expressionistische Dichter zeichnet hier ein völlig einseitiges, negatives Bild der Stadt und ihrer Bewohner. Die Tatsache, dass die Stadt auch zahllose Möglichkeiten der Kommunikation bietet, bleibt unerwähnt.
Ulrike Meiser, Schülerin der Klasse 10

Aufgabe

3. Eine Schülerin der Klasse 10 hat diese Interpretation verfasst. Lest sie Abschnitt für Abschnitt vor und überprüft **kritisch** sachliche Genauigkeit und sprachliche Gestaltung. Vergleicht den Aufsatz dann mit der Stoffsammlung und Gliederung von Seite 66. Formuliert Änderungsvorschläge und begründet sie.

Stadtbilder

Meine Stadt

Meine Stadt ist oft
schmutzig;
aber mein kleiner Bruder
ist es auch
5 und ich mag ihn.

Meine Stadt ist oft
laut;
aber meine große Schwester
ist es auch
10 und ich mag sie.

Meine Stadt ist dunkel
wie die Stimme meines Vaters
und hell
wie die Augen meiner Mutter.
15 Meine Stadt und ich:
wir sind Freunde,
die sich kennen.

Nicht flüchtig kennen
wie die von fernher,
20 die der Bürgermeister
manchmal über die
Hauptstraße führt.
Er zeigt ihnen nicht
die Schutthalden.
25 Warum sollte er?
Zu Hause führen wir auch
unseren Besuch in das
Wohnzimmer und lassen ihn
mit unserem Mülleimer in Ruhe.
30 Aber manchmal, bevor ich
zur Schule gehe,
klopfe ich dem braven grauen
Müllkasten auf den Deckel,
dass er fröhlich klappert.
35 Und am Schuttfeld
werfe ich grüßend einen
Stein auf die
blitzende Konservendose
dahinten, dass sie scheppert.

Josef Reding

Die Stadt

Am grauen Strand, am grauen Meer
Und seitab liegt die Stadt;
Der Nebel drückt die Dächer schwer,
Und durch die Stille braust das Meer
5 Eintönig um die Stadt.

Es rauscht kein Wald, es schlägt im Mai
Kein Vogel ohn Unterlass;
Die Wandergans mit hartem Schrei
Nur fliegt in Herbstesnacht vorbei,
10 Am Strande weht das Gras.

Doch hängt mein ganzes Herz an dir,
Du graue Stadt am Meer;
Der Jugend Zauber für und für
Ruht lächelnd doch auf dir, auf dir,
15 Du graue Stadt am Meer.

Theodor Storm

Theodor Storm

Aufgaben

1. Vergleiche, wie die beiden lyrischen Ichs ihre Stadt sehen.

2. Schreibe ein ähnliches Gedicht wie Josef Reding. Sage darin, wie du zu deiner Stadt oder deinem Dorf stehst.

3. Das Gedicht von Theodor Storm trägt stark autobiografische Züge. Storm hat es seiner Heimatstadt Husum gewidmet.
   a) Informiere dich in einem Schriftstellerlexikon über die Biografie von Theodor Storm und in einem Atlas und einem Geografiebuch über Husum.
   b) Schreibe dann anstelle von Storm einen Brief an einen Freund, in dem du einen typischen Tag in der Stadt am grauen Meer schilderst.

Ich und du

Renate Welsh
Die Wand

Worte
Worte
Worte
Worte
Worte
Worte
Worte
Worte
Worte
Worte
Worte
Worte
Worte
Worte
Worte
Worte
Worte
Worte
Worte
Worte
Worte
Worte
Worte
Worte
Worte
Worte
Worte
Worte
Worte
Ich Worte DU

Václav Havel

Worte
Worte
Worte
Worte
Worte
Worte
Worte
Worte
Worte
Worte
Worte
ich   Worte   du
ich ich Worte du du
ich ich Worte du du
ich ich Worte du du
ich ich Worte du du
ich   ich Worte du du
ich   ich Worte du   du
ich   ich Worte du   du
ich   ich Worte du   du

Gerri Zotter
Die Brücke

Worte Worte Worte
Worte Worte Worte Worte
Worte   Worte
Worte   Worte
Worte   Worte
ICH Worte   Worte DU

Aufgaben

1. Sieh dir die Gedichte von Václav Havel, Renate Welsh und Gerri Zotter sehr genau an.
   Beschreibe Unterschiede im Inhalt und in der Form und interpretiere sie.

2. Schreibe selbst ein konkretes Poesie-Gedicht aus den Worten *Ich, Wort* und *Du*.
   Thema: „Das menschliche Miteinander".

Lebens-Wege

ausweg				ausweg
	abweg		umweg	
		weg		
	abweg		umweg	
ausweg				ausweg
			Ausweg	
Abweg		Umweg		Abweg
	Weg			
Abweg		Umweg		Abweg
			Ausweg	
		AUSWEG		
	UMWEG		ABWEG	
WEG				WEG
	UMWEG		ABWEG	
		AUSWEG		
	ausweg			
umweg		abweg		umweg
			weg	
umweg		abweg		umweg
	ausweg			
AUSWEG	AUSWEG	AUSWEG	AUSWEG	AUSWEG

Helmut Heißenbüttel

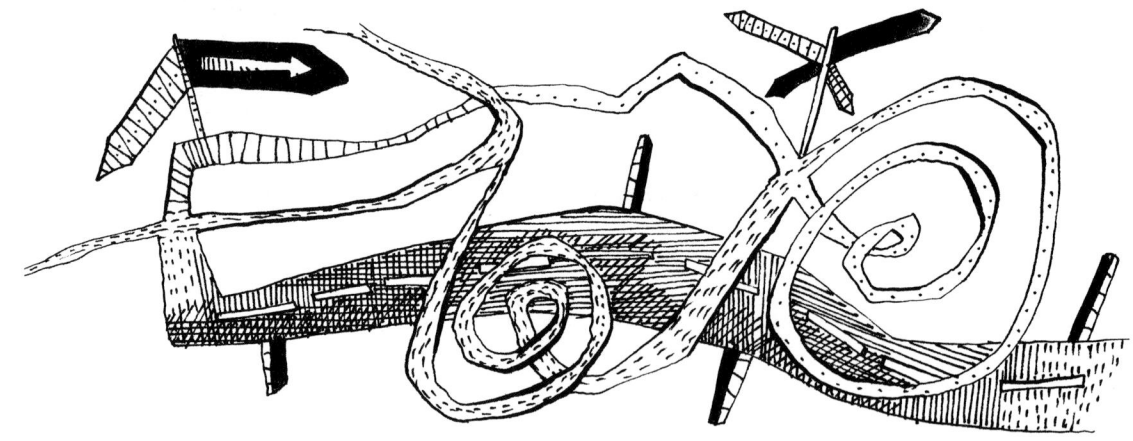

Aufgaben

1. Lies und betrachte das Gedicht von Helmut Heißenbüttel.
   Schreibe auf, welche Verbindung du zwischen dem Gedicht und dem Titel dieser Seite (Lebens-Wege) herstellen kannst.

2. Erkläre in ein oder zwei Sätzen, was die Wörter „Ausweg", „Umweg", „Abweg" und „Weg" in Bezug auf ein Leben bedeuten können.

3. Erläutere die Gestaltung des Gedichts. Warum sind die Wörter in dieser Art und Weise angeordnet? Warum sind die Wörter unterschiedlich geschrieben?

4. Schreibe deinen bisherigen Lebenslauf in einem ähnlichen Gedicht auf.

70

Der Neue Mensch

Hans Magnus Enzensberger
Der Neue Mensch

„Ganz der Vater."
Hoffentlich nicht.

Klettert an Wörtern
hinauf, probiert.

Atmet, verdaut,
kriecht, jammert.

Angenehm,
diese Unähnlichkeit.

Eines Tages, schlauer
als wir, verblüfft er uns.

Dieser neue Mensch
sieht fremd aus.

Dann, während wir
langsam sterben,

Wippen, Schaukeln,
Verwegenheit, Angst.

wird er uns, unaufhaltsam,
immer ähnlicher.

Er arbeitet schwer,
bringt Geräusche hervor.

Wir erraten nicht,
was er will.

Zögernd bemerkt er
die Zweifaltigkeit.

Aufgaben

1. Versuche die Strophen in eine sinnvolle Reihenfolge zu bringen.
   Tipp: In diesem Gedicht kann man die Entwicklung eines Menschen nachvollziehen.

2. Vergleiche deine Fassung mit dem Original im Lösungsteil.

3. Fasse jede Strophe mit deinen eigenen Worten zusammen.
   Tipp: Denke zuerst über unklare Formulierungen nach, z. B. „Zweifaltigkeit".

4. Formuliere die Hauptaussage des Gedichts. Beziehe dabei auch die Überschrift mit ein.

Im Alter

Die alte Waschfrau

Du siehst geschäftig bei dem Linnen
Die Alte dort in weißem Haar,
Die rüstigste der Wäscherinnen
Im sechsundsiebenzigsten Jahr.
5 So hat sie stets mit sauerm Schweiß
Ihr Brot in Ehr' und Zucht gegessen.
Und ausgefüllt mit treuem Fleiß
Den Kreis, den Gott ihr zugemessen.

[...] Hier fehlen vier Strophen!

Und ich, an meinem Abend, wollte,
Ich hätte, diesem Weibe gleich,
Erfüllt, was ich erfüllen sollte
In meinen Grenzen und Bereich;
45 Ich wollt', ich hätte so gewusst
Am Kelch des Lebens mich zu laben,
Und könnt' am Ende gleiche Lust
An meinem Sterbehemde haben.

Adelbert von Chamisso

Waschfrauen

Aufgaben

1. Das lyrische Ich berichtet gleichnishaft von einer alten Frau. Wie bewertet das lyrische Ich das Leben dieser Frau und welche Schlüsse zieht es daraus für sein eigenes Leben?

2. In den fehlenden vier Strophen wird das Leben der Waschfrau genauer beschrieben.
   Schreibe den Lebenslauf dieser Frau.

   Anna Maria Graf, geboren 1751 ...

3. Vergleiche deine Version des Lebenslaufs mit dem Original. Findest du, dass das Leben der Frau erstrebenswert und erfüllt ist? – Nimm Stellung.

4. Eine Urenkelin der alten Waschfrau schreibt einen sehr persönlichen Nachruf auf ihre Ur-Oma. Verfasse diesen Nachruf.

5. Vergleiche dieses Gedicht mit der Leichenrede von Kurt Marti (Seite 73).

6. Verfasse ein Streitgespräch zwischen Kurt Marti und dem lyrischen Ich in Chamissos Gedicht über das Verhalten der Waschfrau.

Am Ende des Lebens

leichenrede

als sie mit zwanzig

ein kind erwartete

wurde ihr heirat

befohlen

5 als sie geheiratet hatte

wurde ihr verzicht

auf alle studienpläne

befohlen

als sie mit dreißig

_____

_____

_____

als sie mit vierzig

_____

_____

_____

als sie mit fünfzig

verbraucht und enttäuscht war

zog ihr mann

20 zu einer jüngeren frau

liebe gemeinde!

_____

_____

_____

Kurt Marti

Aufgaben

1. Schreibt die Strophen drei und vier zu Ende und vergleicht eure Ergebnisse.

2. Vergleiche die Strophen drei und vier mit dem Original und verfasse dann eine Schluss-Strophe, die das Gedicht kommentiert. Tipp: Kurt Marti ist Pfarrer.

3. Wir nehmen einmal an, Kurt Marti hätte dieses Gedicht in einer Zeitung veröffentlicht. Es hagelt Leserbriefe. Formuliere einen dieser Leserbriefe.

4. Kurt Marti wird auf Grund dieser Zeitungsdiskussion von seinem kirchlichen Vorgesetzten zu einem Gespräch bestellt. Gestaltet dieses Gespräch.

5. Kurt Martis Vorgesetzter möchte die Lage entspannen und legt Marti nahe, ein unverfängliches Gedicht in der Zeitung zu veröffentlichen. Kurt Marti tut dies auf seine Weise … Schreibe dieses Gedicht.

Die alte Frau

Ballade von der alten Frau

Sie hat sich montags noch einmal erhoben
Man hätt es ihr fast nicht mehr zugetraut
Die Grippe war für sie ein Wink von oben
Sie ist seit Herbst schon nur noch Bein und Haut.

5 Sie hat zwei Tage nur noch Schleim erbrochen
Und war noch, als sie aufstand, weiß wie Schnee
Versehen war sie ja auch schon seit Wochen
Sie trank ja auch schon nichts mehr als Kaffee.

Jetzt stand sie ja noch einmal auf vom Tode
10 Es war doch noch zu früh, das Sterbesakrament.
Sie hätte sich vor ihrer Nußbaumkommode
Ja doch recht ungern diesmal schon getrennt.

Wenn auch der Wurm schon drin ist, so ein altes
Stück wächst ans Herz. Sie hätte es direkt
15 Vermißt, wie man so sagt. Nun, Gott erhalt es.
Sie hat jetzt noch mal Brombeern eingeweckt.

Alternativen für Strophe 5:

Auch hat sie sich die Zähne richten lassen.
Man ißt ganz anders, wenn man Zähne hat.
Man legt sie nachts bequem in Kaffeetassen
Und hat sie morgens immer in die Stadt.

Auch hat sie noch die Zäune richten lassen
Man stirbt beruhigter, wenn man Ordnung hat.
Das Erbe ist geregelt auf den Kassen,
So geht sie ruhig zu ihres Grabes Statt.

Sie hat den Enkeln einen Brief geschrieben
und lud sie ein zu Kuchen und Kaffee.
Sie sind nicht über Nacht geblieben,
Das tat der Alten ziemlich weh.

Alternativen für Strophe 6:

Sie schrieb auch einen Brief an ihre Kinder:
„Das schwarze Kleid hängt hinten schon im
                                    Schrank.
Ich brauch' es noch in diesem Winter,
doch ist es mir davor nicht bang."

Sie hat auch einen Brief von ihren Kindern
Sie stehn von nun an ganz in Gottes Hand.
Sie wird mit Gott noch einmal überwintern
Das schwarze Kleid ist auch noch gut im Stand.

Die Hände zum Gebet erhoben,
dankt sie für alles, was der Herr ihr gab,
Das schwarze Kleid ist grob geworden,
das trägt sie auf dem Weg zum Grab.

Bertolt Brecht R

Aufgaben

1. Wähle aus den Alternativen zwei Schlussstrophen aus, die deiner Meinung nach am besten zu der alten Frau passen.

2. Vergleiche deine Version mit dem Original.

3. Vergleiche das Gedicht mit Chamissos Text „Die alte Waschfrau" (S. 72).

4. Erweitere das Gedicht um eine Strophe, die es kommentiert.

74

Der geknickte Ast

Knarren eines geknickten Astes

Geknickter Ast, an Splittersträngen
Noch schaukelnd, ohne Laub noch Rinde,
Ich seh' ihn Jahr um Jahr so hängen,
Sein Knarren klagt bei jedem Winde.

5 So knarrt und klagt es in den Knochen
Von Menschen, die zu lang gelebt,
Man ist geknickt, noch nicht gebrochen,
Man knarrt, sobald ein Windhauch bebt.

Ich lausche deinem Liede lange,
10 Dem fasrig trocknen, alter Ast,
Verdrossen klingt's und etwas bange,
Was du gleich mir zu knarren hast.

Hermann Hesse

Knarren eines geknickten Astes

Splittrig geknickter Ast,
Hangend schon Jahr um Jahr,
Trocken knarrt er im Winde sein Lied,
Ohne Laub, ohne Rinde,
Kahl, fahl, zu langen Lebens,
Zu langen Sterbens müd.
Hart klingt, rauh sein Gesang,
Klingt trotzig, klingt bang
Noch einen Sommer, noch einen Winter lang.

Hermann Hesse

Ⓡ

Aufgaben

1. Erkläre, was der Ast in den beiden Gedichten symbolisiert.

2. Finde eine Fotografie, die zu einem der beiden Gedichte passt, oder zeichne selbst ein Bild.

3. Vergleiche die Grundstimmung der zwei Fassungen. Stelle Gemeinsamkeiten und Unterschiede heraus.

4. In der zweiten Version verzichtet der Autor auf das lyrische Ich. Beschreibe, was sich dadurch ändert.

Lösungen

S. 10 Von Silbenzählern und Versevermessern

Schlecht klingen nur die Verse „Wenn der Dichter …", denn hier stimmt die Silbenzahl in Vers eins und zwei nicht überein.

S. 12 Akzente setzen

Es handelt sich um: Jamben, Trochäen, Trochäen, Daktylen, Daktylen, Jamben.

S. 13 Der musikalische …

Das Metrum in den 3 Strophen ist jambisch: xx́xx́xx́

S. 14 Lyrikquiz

Das Lösungswort lautet: Eichendorff.

S. 19 Wenn die Möpse Schnäpse trinken

zu 1: Der Schluss lautet: „Dann entsteht zwar ein Gedicht, aber sinnvoll ist es nicht."

zu 2:
Wenn die
Möpse
Schnäpse
Trinken
Wenn vorm
Spiegel
Igel
Stehn
usw.

S. 20 Schnurpsenzoologie

Einzusetzen sind:
Dromedackel
Papageiß
Maikäferkel
Wanzebra
Kanarhinozeros
Forellensittich
Nashornisse
Fledermolch
Schneckenkänguru
Nachtigaul
Feuersalamantilopen
Krokodigel
Murmeltiger
Blindschleichörnchen

S. 21 Das Pflaumenhuhn

Strophe 6:
Das Pflaumenhuhn geschlachtet.
Strophe 7:
Der trug statt Pflaumen Eier.

Strophen 8–10:
Die Eier waren zweifellos
Im Plauschter Land die besten.
Sie waren frisch und weiß und groß
Und hingen an den Ästen.
Doch reiften herbstlich ringsherum
Die Äpfel, Birnen, Feigen,
Dann fielen, plim, dann fielen, plum
die Eier von den Zweigen.

Sie fielen Mädchen auf den Kopf
Und Buben auf die Mützen.
Und oft schon trat ein dummer Tropf
In tiefe Gelbei-Pfützen.

Und kurz und gut und jedenfalls
Und ganz im Allgemeinen:
Der arme Eierbaum fand, als
Er Freunde brauchte, keinen.

Der Tischler meint, ein Eierbaum
Verderbe gute Sitten.
Er hat ihn für den Frühstücksraum
Zu Möbelholz zerschnitten.

So büßten sie und litten sie,
Weil es die Ordnung heischte:
Der Eierbaum aus Plauschte wie
Das Pflaumenhuhn aus Pleischte.

Und nie ward jemals einem kund,
Wer diese zwei vertauschte:
Das Pflaumenhuhn aus Pleischte und
Den Eierbaum aus Plauschte.

S. 22 Irrtümer

rosarote, himmelblaue, rosenrot, Blaus, himmelblaue

S. 23 Lyrik im Dreivierteltakt – Der törichte Star

Das Taktschema heißt: Daktylus.

S. 25 Der verschleppte Regenwurm

Ein Regenwurm
auf einem Turm
in Schnee und Sturm
ist klar am falschen Ort.
Er wäre lieber dort,
wo er als Boden Erde hat
und nicht nur Stein, so kalt und glatt.

Das wurmt den Wurm.
Er türmt vom Turm
und stürmt im Sturm
hinunter und hinaus –
beinah wär's mit ihm aus,
denn rundum liegt nichts als ein
See, /bedeckt mit Eis und Schnee.

Das Los des Wurms
am Fuß des Turms
zur Zeit des Sturms
ist unermesslich schwer.
Jedoch – wie kam er her?
Vielleicht hat er trotz allem Glück
und kommt so auch zurück?

Er kam im Schnabel einer Meise,
die hatte ihn gepickt als Speise
und ließ ihn fallen, dummerweise,
beim Heimflug durch den Sturm.
Drum saß der Wurm
auf diesem Turm.

Jetzt wartet er, der arme Wurm,
immer noch in Schnee und Sturm
auf stets demselben kalten Turm
für den zweiten Teil der Reise
auf die nächste Meise.

S. 26, 27 Das Arche-Noah-ABC

Als die Arche war gebaut,
hat sich Noah angeschaut,
welche Tiere kamen.
Auf ein langes Zedernbrett
schrieb er dann von A bis Zett
alle ihre Namen:

Affe, Ammer, Alk und Aal,
Adler aus dem Zugspitztal,
Biber, Bär und Boa,
Brillenschlange (welch ein Graus),
Chinalaus, Chinchillamaus,
so notierte Noah.

Dachs und Drossel, schrieb er forsch,
Drache, Dromedar und Dorsch,
Eber, Eule, Erdschwein.
Und danach trug seine Hand
Esel, Elch und Elefant
Ebenfalls gelehrt ein.

Fuchs und Fliege, schrieb er froh,
Flunder, Faultier, Frosch und Floh,
Geier und Giraffe,
Gemse, Gans und Goldfasan.
Beim Gorilla schrieb er dann
noch in Klammern: Affe.

Lösungen

Heiter schrieb er weiter: Hund,
Häher, Hirsch und Hase und
Hamster und Hyäne,
Igel (Vorsicht: Stachelhaar!),
Junikäfer, Jaguar
(Vorsicht: spitze Zähne!).

Keck ging's weiter: Känguru,
Krokodil und Kakadu,
Kuh, Kamel und Katze,
Lama, Lurch und Leguan,
Laubfrosch, Luchs und Löwen-
mann
(Vorsicht: scharfe Pratze!).

Munter füllte er dann aus:
Marder, Murmeltier und Maus,
Marabu und Meise,
Nashorn, Natter, Nilpferd, Nerz.
(Und beim Nerz schrieb er zum
Scherz:
Fell bringt gute Preise.)

Orang-Utan, Ortolan,
Ochs und Otter, schrieb er dann.
Und er schrieb desgleichen:
Panther, Pferd und Pavian,
Perlenhuhn und Pelikan,
Pfau und Papageichen.

Quesal schrieb er bei dem Q.
Und dann kam das R dazu:
Rebhuhn, Reh und Rappe,
Raupe, Rabe, Reiher, Ross,
Reblaus und Rhinozeros,
Rind und Rasseltrappe.

Seht, bald war das Werk getan:
Steinbock, schrieb er, Strauß und
Schwan,
Storch und Sumpfblatt-Pieper,
Tiger, Taube und Tapir,
Tempelmaus und Trampeltier,
Uhu, Ur und Viper.

Weiter schrieb er ebenfalls:
Wiedehopf und Wendehals,
Wolf und Weinbergschnecke,
Xiphias (als Schwertfisch-Art),
Yak (als Rind Tibeter Art),
Zebra, Ziege, Zecke.

Ordentlich von A bis Zett
stand nun auf dem Zedernbrett
jedes Tier, ihr Leute.
Reimend hab ich mich gequält
und euch viele aufgezählt.
Nun ist Schluss für heute.

S. 29 Zwei Ameisen aus Hamburg
Die Ameisen
In Hamburg lebten zwei Ameisen,
die wollten nach Australien reisen.
Bei Altona auf der Chaussee,
da taten ihnen die Beine weh,
und da verzichteten sie weise
dann auf den letzten Teil der
Reise.

S. 30 Von Möpsen und Gänsen
zu 2:
um Herrn und Hund
um Gehorsam und Gehorsamsverweigerung
um ein Spiel mit Vokalen
zu 3:
ottos mops trotzt
otto: fort mops fort
ottos mops hopst fort
otto: soso

otto holt koks
otto holt obst
otto horcht
otto: mops mops
otto hofft

ottos mops klopft
otto: komm mops komm
ottos mops kommt
ottos mops kotzt
otto: ogottogott

S. 31 Tiere und ihre Besonder-
heiten
Das Reimschema heißt Paarreim.

S. 32 Im Zirkus
Das Taktschema heißt Trochäus:
x́xx́xx́x

S. 35 2 x Frühling
2 Das Gedicht blickt zurück.
1 Das Gedicht blickt in die
  Zukunft.
2 Die Grundstimmung ist traurig.
1 Die Grundstimmung ist eher
  positiv.
2 Der Winter steht mehr im
  Zentrum.
1 Der Frühling steht mehr im
  Zentrum.
2 Der Mensch steht im Mittelpunkt.
1 Die Natur steht im Mittelpunkt.

S. 37 Herbst
Goldene Welt
Im September ist alles aus Gold:
Die Sonne, die durch das Blau
hinrollt,
das Stoppelfeld,

die Sonnenblume, schläfrig am
Zaun,
das Kreuz auf der Kirche,
der Apfel am Baum.

Ob er hält? Ob er fällt?
Da wirft ihn geschwind
der Wind in die goldene Welt.

S. 38 Alte Klage
Hinter den Hügeln, wo fette
Wälder
ihr Kronenlaub im Herbst ent-
flammen,
zögert der Mond über farblosen
Feldern.
Fröstelnd kriecht das Gebüsch
zusammen.
Eisige Braue des Windes, in allen
Frauengesichtern nachgezogen,
Beerenrot, Beerenschwarz, lange
verfallen.
Und die zärtlichen Sätze ver-
flogen.

S. 39 Flugzeit
Laub fällt, und sichtbar werden
leere Vogelnester im Geäst.
Es regnet, regnet weiter
bis zum Schnee –
Kommt noch ein Tag, auf Nebel-
hörnern
kühl November blasend,
stehn wir in Wolle eingewickelt.
bis zum Kinn und prüfen unser
Dach.
Die offenen Stellen füllen wir mit
Sorge.
Zeit wär's zu fliegen.

S. 40 Haiku
Das Haiku:
– bestehend aus drei Versen zu
  5 – 7 – 5 = 17 Silben
– kein Reim
– Naturgedicht, Thema sind
  häufig die Jaheszeiten
– maximale Konzentration
  der Aussage bei knapper Wortwahl
– Bild des Augenblicks

Lösungen

S. 45 Im Winter
zu 1: Einzusetzen sind:
gehen
Fisch
Nase
klirr
Kieselstein
Vögelein
fliegen
Kieselstein
See
Fische
Eis
Stein
Eis
Eis, Eis
Nasen
Sohlen
Stein
zu 3: Gemeint ist hier die Metapher „klares Fenster".

S. 46, 47 Lauter Liebe
Auf die Entstehungszeiten lässt sich anhand inhaltlicher und stilistisch formaler Merkmale schließen.
Aus den Geburtstagen bzw. Lebensdaten der Autorinnen und Autoren kannst du die ungefähre Entstehungszeit errechnen:
Die liebe: Reiner Kunze (*1933)
Zwei Menschen: Regina Weitz (*1932)
Nie mehr: Ulla Hahn (* 1945)
Unter B: Martina Bick (* 1956)
Neue Liebe neues Leben/Rastlose Liebe: Johann Wolfgang von Goethe (1749–1832)
porträt eines mädchens: Ernst Jandl (1925–2000)
Die eine Klage: Karoline von Günderode (1780–1806)

S. 49 Die Stille
Hörst du, Geliebte, ich hebe die Hände –
hörst du: es rauscht …
Welche Gebärde der Einsamen fände
sich nicht von vielen Dingen belauscht?
Hörst du, Geliebte, ich schließe die Lider,
und auch **das** ist Geräusch bis zu dir.
Hörst du, Geliebte, ich hebe sie wieder …
… aber warum bist du nicht hier.

Der Abdruck meiner kleinsten Bewegung
bleibt in der seidenen Stille sichtbar;
unvernichtbar drückt die geringste Erregung
in den gespannten Vorhang der Ferne sich ein.
Auf meinen Atemzügen heben und senken
die Sterne sich.
Zu meinen Lippen kommen die Düfte zur Tränke,
und ich erkenne die Handgelenke entfernter Engel.
Nur die ich denke: Dich
seh ich nicht.

S. 53 Minnesang
Wohl mir heute und immerfort,
ich habe eine Frau gesehen,
der der Mund von Röte brannte
wie flammender Zunder.
Ihre reizende, liebliche Gestalt
hat mich zu diesem Kummer
gebracht: kein Wunder der Minne
hat Gott
an ihrer Schönheit vergessen.
Ist es so, wie ich vermutet habe,
so hat sie eine rote Rose gegessen.

Da ist der eine, der nicht einmal verdienen würde,
auf reinem Stroh zu liegen – der liebkost ihren Frauenleib;
da ist der andere, der für sie sterben will
und zu allen Teufeln fährt – dem muss sie fremd bleiben.
Ei, Gott, wie verteilst du so ungleich!
Ist er hässlich, so ist sie lieblich: was soll der Teufel zu dem Himmelreich?

Gott Herr, hätt ich von dir die Macht,
dass ich ihn von seiner großen Lust verstoßen könnte,
so könnte ich in voller Freude alt werden:
Helft mir alle Gott bitten, dass er mir's vergönne,
dass jener Teufel unschädlich gemacht
und ich an seine Stelle gesetzt werde –

dann bin ich für mein Leid wohl entschädigt.

S. 58 … kam ihre Liebe abhanden
Der nächste Morgen:
analysierend, aggressiv
Sachliche Romanze:
traurig, sachlich

S. 62, 63 Momentaufnahmen
An den Strophenenden einzusetzende Wörter:
Klick!
Knips!
Toll!
Schnapp!
„Ach!"
Moos.
Knips!
Dorothee!

S. 71 Der Neue Mensch
Dieser neue Mensch
sieht fremd aus.

Angenehm,
diese Unähnlichkeit.

„Ganz der Vater."
Hoffentlich nicht.

Er arbeitet schwer,
bringt Geräusche hervor.

Wir erraten nicht,
was er will.

Atmet, verdaut,
kriecht, jammert.

Zögernd bemerkt er
die Zweifaltigkeit.

Klettert an Wörtern
hinauf, probiert.

Wippen, Schaukeln,
Verwegenheit, Angst.

Eines Tages, schlauer
als wir, verblüfft er uns.

Dann, während wir
langsam sterben,

wird er uns, unaufhaltsam,
immer ähnlicher.

78

Lösungen

S. 72 Im Alter

Im Original stehen diese vier Strophen:

Sie hat in ihren jungen Tagen
Geliebt, gehofft und sich vermählt;
Sie hat des Weibes Loos getragen,
Die Sorgen haben nicht gefehlt;
Sie hat den kranken Mann gepflegt;
Sie hat drei Kinder ihm geboren;
Sie hat ihn in das Grab gelegt,
Und Glaub' und Hoffnung nicht verloren.

Da galt's die Kinder zu ernähren;
Sie griff es an mit heiterm Muth,
Sie zog sie auf in Zucht und Ehren,
Der Fleiß, die Ordnung sind ihr Gut.
Zu suchen ihren Unterhalt
Entließ sie segnend ihre Lieben,
So stand sie nun allein und alt,
Ihr war ihr heit'rer Muth geblieben.

Sie hat gespart und hat gesonnen
Und Flachs gekauft und nachts gewacht,

Den Flachs zu feinem Garn gesponnen,
Das Garn dem Weber hingebracht;
Der hat's gewebt zu Leinewand;
Die Schere brauchte sie, die Nadel,
Und nähte sich mit eig'ner Hand,
Ihr Sterbehemde sonder Tadel.

Ihr Hemd, ihr Sterbehemd, sie schätzt es,
Verwahrt's im Schrein am Ehrenplatz;
Es ist ihr Erstes und ihr Letztes,
Ihr Kleinod, ihr ersparter Schatz.
Sie legt es an, des Herren Wort
Am Sonntag früh sich einzuprägen,
Dann legt sie's wohlgefällig fort,
Bis sie darin zur Ruh' sie legen.

S. 73 Am Ende des Lebens

So lauten die ausgelassenen Strophen im Original:
als sie mit dreißig
noch unternehmungslust zeigte
wurde ihr dienst im hause
befohlen

als sie mit vierzig
noch einmal zu leben versuchte
wurde ihr anstand und tugend
befohlen

liebe gemeinde
wir befehlen zu viel
wir gehorchen zu viel
wir leben zu wenig

S. 74 Die alte Frau
Strophen 5 und 6 lauten:
Auch hat sie sich die Zähne richten lassen.
Man ißt ganz anders, wenn man Zähne hat.
Man legt sie nachts bequem in Kaffeetassen
Und hat sie morgens immer in die Stadt.

Sie hat auch einen Brief von ihren Kindern
Sie stehn von nun an ganz in Gottes Hand.
Sie wird mit Gott noch einmal überwintern
Das schwarze Kleid ist auch noch gut im Stand.

Textquellenverzeichnis

S. 7: Heinrich Heine: Das Fräulein stand am Meere. Aus: Sämtliche Werke, Band 1. Hrsg. von J. Perfahl. München (Winkler) 1967.
S. 13: Klaus W. Hoffmann: Er war einmal ein Wasserhahn ... VG Musikedition.
S. 15: Werner Färber: Gedicht. Aus: Gelberg, Hans-Joachim (Hrsg.): Großer Ozean. 2000 Beltz & Gelberg Verlag, Weinheim und Basel.
S. 15: Martin Auer: Unnützes Gedicht. Aus: Gelberg, Hans-Joachim (Hrsg.): Großer Ozean. 2000 Beltz & Gelberg Verlag, Weinheim und Basel.
S. 16: Axel Marquardt: Nichts drin. Aus: Standbein Spielbein. Haffmans Verlag, Zürich 1989. © Axel Marquardt.
S. 17: Gerald Jatzek: Gedichte unterwegs. © Gerald Jatzek.
S. 18: Bernd Lunghard: Gedichtbehandlung. Aus: Gelberg, Hans-Joachim (Hrsg.): Großer Ozean. 2000 Beltz & Gelberg Verlag, Weinheim und Basel.
S. 19: James Krüss: Wenn die Möpse Schnäpse trinken. © James Krüss, 2001, Der wohltemperierte Leierkasten, erschienen im C. Bertelmann Jugendbuch Verlag, München, einem Unternehmen der Verlagsgruppe Random House GmbH.
S. 20: Michael Ende: Schnurpsenzoologie. Aus: Michael Ende: Das Schnurpsenbuch. © 1979 by Thienemann Verlag (Thienemann Verlag GmbH), Stuttgart – Wien.
S. 21: Peter Hacks: Das Pflaumenhuhn. Aus: Peter Hacks: Der Flohmarkt, Eulenspiegel Verlag 2001.
S. 22: Peter Hacks: Irrtümer. Aus: Peter Hacks: Der Flohmarkt, Eulenspiegel Verlag 2001.
S. 23: James Krüss: Der törichte Star. Aus: Mein Urgroßvater und ich. © Verlag Friedrich Oetinger, Hamburg.
S. 24: Adolf Halbey: Start einer Grille. Aus: Hans-Joachim Gelberg (Hrsg.): Die Stadt der Kinder. 1999 Beltz & Gelberg Verlag, Weinheim und Basel.
S. 25: Irmela Bender: Der verschleppte Regenwurm. Aus: War mal ein Lama in Alabama. © Verlag Friedrich Oetinger, Hamburg.

S. 26–27: James Krüss: Das Arche-Noah-ABC. Aus: Hans-Joachim Gelberg (Hrsg.): Überall und neben dir. 1986 Beltz & Gelberg Verlag, Weinheim.
S. 28: Ernst Jandl: auf dem land. Aus: Ernst Jandl: poetische werke, hrsg. von Klaus Siblewski. © 1997 by Luchterhand Literaturverlag, München, einem Unternehmen der Verlagsgruppe Random House GmbH.
S. 29: Joachim Ringelnatz: Die Ameisen. Aus: Joachim Ringelnatz: Das Gesamtwerk in sieben Bänden, Band 1. Copyright © 1994 Diogenes Verlag AG Zürich.
S. 30: Ernst Jandl: ottos mops. Aus: Ernst Jandl: poetische werke, hrsg. von Klaus Siblewski. © 1997 by Luchterhand Literaturverlag, München, einem Unternehmen der Verlagsgruppe Random House GmbH.
S. 31: Josef Guggenmos: Der Dachs, Der Elefant, Der Maulwurf, Das Eichhörnchen. Aus: Was denkt die Maus am Donnerstag? 1998 Beltz & Gelberg Verlag, Weinheim und Basel.
S. 32: Bruno Horst Bull: Zirkus. © Bruno Horst Bull.
S. 33: Eduard Mörike: Er ist's. Aus: Sämtliche Werke, Band 1. Hrsg. von J. Perfahl. München (Winkler) 1967.
S. 34: Ludwig Uhland: Frühlingsglaube. Aus: Werke, Band 1. Hrsg. v. H. Fröschle u. W. Scheffler, München (Winkler) 1980.
S. 34: Franz Fühmann/Frantisek Halas: Was der Frühling alles machen muss. Aus: Franz Fühmann: Gedichte und Nachdichtungen, Hinstorff Verlag, Rostock, 1978.
S. 34: Louis Fürnberg: Hagel im Frühling. Aus: Louis Fürnberg: Heimat, die ich immer meinte. Böhmen und Deutschland in Gedichten, Nachw. Gerhard Wolf © Aufbau-Verlag Berlin und Weimar 1964.
S. 35: Josef Weinheber: Vorfrühling (Erstfassung, Endfassung). Aus: Josef Weinheber: Sämtliche Werke I. © Otto Müller Verlag, Salzburg 1953.
S. 36: Ilse Kleberger: Sommer. Aus: Hans-Joachim Gelberg (Hrsg.):

Die Stadt der Kinder. 1999 Beltz & Gelberg Verlag, Weinheim und Basel.

S. 37: Georg Britting: Goldene Welt. © Ingeborg Schuldt-Britting, Höhenmoos.

S. 38: Hermann Kasack: Alte Klage. Aus: Wasserzeichen. © Suhrkamp Verlag Frankfurt 1964.

S. 39: Rainer Brambach: Flugzeit. Aus: Rainer Brambach: Gesammelte Gedichte. Mit einem Nachwort von Hans Bender. Copyright © 2003 Diogenes Verlag AG Zürich.

S. 40: Matsuo Basho: Morgen – Sonne – Schnee. Aus: Vollmond und Zikadenklänge. Japanische Verse und Farben. Aus dem Japanischen v. Gerolf Coudenhove. Hrsg. v. Wolfgang Strauß. Gütersloh (Bertelsmann) 1955.

S. 41: Wolfgang Bächler: Der Nebel. Aus: Gedichte für Anfänger, Rowohlt Verlag 1980 © Wolfgang Bächler.

S. 42: Rainer Maria Rilke: Spätherbst in Venedig. Aus: Sämtliche Werke, Band 1. Hrsg. v. E. Zinn. Frankfurt/Main (Insel) 1955.

S. 43: Georg Heym: Der Herbst. Aus: Dichtungen und Schriften, Band 1. Hrsg. v. K. L. Schneider. Hamburg (Ellermann) 1964.

S. 43: Friedrich Hebbel: Herbstbild. Aus: Werke, Band 3. Hrsg. von G. Fricke, W. Keller und K. Pörnbacher. München (Hanser) 1965.

S. 44: Karola Heidenreich: Auf dürrem Ast. Aus: Gelberg, Hans-Joachim (Hrsg.): Großer Ozean. 2000 Beltz & Gelberg Verlag, Weinheim und Basel.

S. 44: Josef Guggenmos: Kalter Tag. Aus: Gelberg, Hans-Joachim (Hrsg.): Großer Ozean. 2000 Beltz & Gelberg Verlag, Weinheim und Basel.

S. 44: Wolfgang Bächler: Ins Weiße blickend. Aus: Wolfgang Bächler: Ausbrechen, © S. Fischer Verlag GmbH, Frankfurt am Main 1976.

S. 44: Inge Müller: Herbst. Aus: Inge Müller: Wenn ich schon sterben muss. Gedichte. Hrsg. und nachb. v. Richard Pietraß © Aufbau-Verlag Berlin und Weimar 1987.

S. 44: Lulu von Stauß und Torney: Schneezauber. © Antje Diederichs.

S. 45: Christian Morgenstern: Wenn es Winter wird. Aus: Gesammelte Werke in einem Band. Hrsg. v. M. Morgenstern. München (Piper) 1965.

S. 46: Reiner Kunze: Die liebe. Aus: Reiner Kunze: Die wunderbaren Jahre (S. 129). © S. Fischer Verlag GmbH, Frankfurt am Main 1986.

S. 46: Ulla Hahn: Nie mehr. Aus: Unerhörte Nähe, Gedichte. © 1988 Deutsche Verlags-Anstalt GmbH, Stuttgart.

S. 46: Regina Weitz: Zwei Menschen. Aus: Aber besoffen bin ich von dir; Liebesgedichte. Hrsg. v. Jan Hans. Reinbek (Rowohlt) 1979. © Regina Weitz.

S. 46: Martina Bick: Unter B. in deinem Notizbuch … Aus: Aber besoffen bin ich von dir; Liebesgedichte. Reinbek (Rowohlt) 1979. © Martina Bick.

S. 47: Ernst Jandl: portrait eines mädchens. Aus: Ernst Jandl: poetische werke, hrsg. von Klaus Siblewski. © 1997 by Luchterhand Literaturverlag, München, einem Unternehmen der Verlagsgruppe Random House GmbH.

S. 47: Johann Wolfgang Goethe: Neue Liebe neues Leben. Aus: Werke, Band 1. Hrsg. von Erich Trunz. München (Beck) 1978.

S. 47: Johann Wolfgang Goethe: Rastlose Liebe. Aus: Werke, Band 1. Hrsg. von Erich Trunz. München (Beck) 1978.

S. 47: Caroline von Günderode: Die eine Klage. Aus: Dichtungen. Hrsg. von L. von Pigenot. München (Bruckmann) 1922.

S. 48: Christine von dem Knesebeck: Ob ich ihr sag, dass ich sie mag? Aus: Gelberg, Hans-Joachim (Hrsg.): Großer Ozean. 2000 Beltz & Gelberg Verlag, Weinheim und Basel.

S. 49: Rainer Maria Rilke: Die Stille. Aus: Sämtliche Werke, Band 1. Hrsg. v. E. Zinn. Frankfurt/Main (Insel) 1955.

S. 50: Johann Wolfgang Goethe: Gefunden. Aus: Werke, Band 1. Hrsg. von Erich Trunz. München (Beck) 1978.

S. 50: Christa Kozik: Jahrhundertelang. Aus: Tausendundzweite Nacht. Verlag Neues Leben, Berlin 1988. © Christa Kozik.

S. 51: Ulla Hahn: Wartende. Aus: Spielende, Gedichte. © 1983 Deutsche Verlags-Anstalt GmbH, Stuttgart.

S. 52: Dû bist mîn … Aus: Minnesang. Hrsg. und übersetzt von Helmut Brackert. Frankfurt/Main (Fischer Taschenbuch Verlag) 1983.

S. 52: Walther von der Vogelweide: Under der linden. Aus: Gedichte. Mittelhochdeutscher Text und Übertragung. Ausgewählt, übersetzt und mit einem Kommentar versehen von Peter Wapnewski. Frankfurt/Main (Fischer Taschenbuch Verlag) 1962.

S. 53: Graf Werner von Honberg: Wol mich hiute …

S. 54: Jürgen Theobaldy: Schnee im Büro. Aus: Zweiter Klasse. Berlin (Rotbuch) 1976.

S. 55: Ulla Hahn: Mit Haut und Haar. Aus: Gedichte. © 1981 Deutsche Verlags-Anstalt GmbH, Stuttgart.

S. 55: Ursula Krechel: Liebe am Horizont. Aus: Ungezürnt. Gedichte © Suhrkamp Verlag Frankfurt 1997.

S. 56: Heinrich Heine: Sie saßen … Aus: Sämtliche Werke, Band 1. Hrsg. von J. Perfahl. München (Winkler) 1967.

S. 57: Ernst Jandl: mal franz mal anna. Aus: Ernst Jandl: poetische werke, hrsg. von Klaus Siblewski. © 1997 by Luchterhand Literaturverlag, München, einem Unternehmen der Verlagsgruppe Random House GmbH.

S. 58: Mascha Kaléko: Der nächste Morgen. Aus: Mascha Kaléko, Das lyrische Stenogrammheft. Kleines Lesebuch für Große. Copyright © 1956 by Rowohlt Verlag GmbH, Hamburg.

S. 58: Erich Kästner: Sachliche Romanze. Aus: Erich Kästner, Lärm im Spiegel © Atrium Verlag, Zürich und Thomas Kästner.

S. 59: Eduard Mörike: Das verlassene Mägdlein. Aus: Sämtliche Werke, Band 1. Hrsg. von J. Perfahl. München (Winkler) 1967.

S. 59: Heinrich Heine: Ein Jüngling … Aus: Sämtliche Werke, Band 1. Hrsg. von J. Perfahl. München (Winkler) 1967.

S. 59: Gisela Steineckert: Von dem, was Liebe war … Aus: Vor dem Wind sein. Lieder. Berlin (Verlag Neues Leben) 1980. © Gisela Steineckert.

S. 60: Inge Meyer-Dietrich: Ruckediguh. Aus: Gelberg, Hans-Joachim (Hrsg.): Großer Ozean. 2000 Beltz & Gelberg Verlag, Weinheim und Basel.

S. 61: Erich Kästner: Das verhexte Telefon. Aus: Erich Kästner, Das verhexte Telefon © Atrium Verlag, Zürich und Thomas Kästner.

S. 62 f.: James Krüss: Die knipsverrückte Dorothee. © James Krüss, 2001, für den wohltemperierte Leierkasten, erschienen in C. Bertelsmann Jugendbuch Verlag, München, einem Unternehmen der Verlagsgruppe Random House GmbH.

S. 64: Gotthold Ephraim Lessing: Lob der Faulheit. Aus: Werke, Band 1. Hrsg. von Herbert G. Göpfert. München (Hanser) 1970.

S. 64: Martin Luther: Liebes Kind, lernest du wohl …

S. 64: Eveline Hasler: Lektionen. Aus: Keine Lust mehr, lieb zu sein. Gedichte außer der Reihe. Hrsg. von Susanne Burger und Manfred Mai. Ravensburg (Otto Maier Verlag) 1985.

S. 65: Peter Nonnenmacher: Kiribati. Aus: Tages-Anzeiger vom 21.06.1997, Zürich.

S. 66: Alfred Wolfenstein: Städter. Aus: Die gottlosen Jahre. S. Fischer Verlag, Berlin 1914. © v. Hase & Koehler. International Communications Services GmbH.

S. 67: Ulrike Meiser: Gedichtinterpretation.

S. 68: Theodor Storm: Die Stadt. Aus: Sämtliche Werke. Hrsg. von A. Köster. Leipzig (Insel) 1923.

S. 68: Josef Reding: Meine Stadt. Aus: Josef Reding: Gutentagtexte. Copyright by Josef Reding, Dortmund.

S. 69: Vaclav Havel: Worte. Aus: Vaclav Havel, Das Gartenfest. Die Benachrichtigung. Zwei Dramen. Essays. Anekdoten. Copyright © 1989 by Rowohlt Taschenbuch Verlag GmbH, Reinbek bei Hamburg.

S. 69: Renate Welsh: Die Wand.

S. 69: Gerri Zotter: Die Brücke. Aus: Domenengo, H. (Hrsg.): Das Sprachbastelbuch. Jugend und Volk Verlag. Wien und München 1983 © Gerri Zotter.

S. 70: Helmut Heißenbüttel: Ausweg. © Ida Heißenbüttel, Borsfleth.

S. 71: Hans Magnus Enzensberger: Der Neue Mensch. Aus: Hans Magnus Enzensberger: Die Gedichte. © Suhrkamp Verlag Frankfurt 1983.

S. 72: Adelbert von Chamisso: Die alte Waschfrau. Aus: Sämtliche Werke, Band 1. Hrsg. von W. Feudel und C. Laufer. München (Hanser) 1982.

S. 73: Kurt Marti: leichenrede. Aus: Kurt Marti: Der Traum, geboren zu sein. Ausgewählte Gedichte. Hrsg. v. John M. Spalek und Wolfgang Frühwald. © 2003 Nagel & Kimche im Carl Hanser Verlag München – Wien.

S. 74: Bertolt Brecht: Ballade von der alten Frau. Aus: Bertolt Brecht: Werke. Große kommentierte Berliner und Frankfurter Ausgabe, Band 13, © Suhrkamp Verlag Frankfurt 1993.

S. 75: Hermann Hesse: Knarren eines geknickten Astes (2 Gedichte). Aus: Hermann Hesse: Sämtliche Werke, Band 10, Die Gedichte. © Suhrkamp Verlag 2001.

Bildquellenverzeichnis

S. 38, 42, 65: dpa, Berlin; S. 40, 54: Corel Library; S. 49: Suhrkamp Verlag, Frankfurt a. Main; S. 52, 53: Archiv für Kunst und Geschichte, Berlin; S. 57, 58: ullstein bild, Berlin; S. 68: Theodor-Storm-Gesellschaft, Husum; S. 56, 72: Bildarchiv Preußischer Kulturbesitz, Berlin

Nicht bei allen Abbildungen und Texten konnten wir die Rechteinhaber ausfindig machen. Berechtigte Ansprüche werden wir im üblichen Rahmen vergüten.